KB014536

1987
노동자
대투쟁

터벅 터벅

푸쉭~

꿀꺽 꿀꺽

카아~

"2분? 2분 늦은 건 늦은 거 아니야?
XX새끼! 넌 이제 해고야!"

"연애? 결혼? 12시간 맞교대 근무에
우리가 그럴 시간이 어디 있나?"

"손이 덜덜 떨릴 정도로 일하면 뭐하냐고!
우리같은 하청들은 사람 취급도 안하는데!"

탁

안녕히가세요~

터벅 터벅

그러지 말고 좀 앉았다 가세요. 넘어지겠어요.

후우~

이제 좀 괜찮아졌어요?

우리
아버지는

조선소에서
일하셨어요.

턱없이
낮은 월급으로
수 백 시간을
일하면서
고생이
많으셨죠.

볼수록 낯이 익단 말이야.

고등학교 동창? 예전에 알바할 때 만났나?

책...

노동자 인간선언

1987 노동자 대투쟁

양규헌 글 · 도단이 그림

한내

차례

노동자대투쟁
30주년을 맞이하며

그해 여름은 유난히 뜨거웠다. 1987년 7~9월까지 전국의 공장과 회사에서는 노동자들의 파업 물결이 거세게 몰아쳤다. 산업과 업종, 지역과 성별을 넘어 노동자들은 대규모 투쟁에 돌입했다. '공돌이'와 '공순이', '산업역군'으로 불리면서 주면 주는대로 받고 시키면 시키는대로 일했던 노동자들이 스스로 인간임을 선언하며 역사의 주체로 등장한 것이다.

7·8·9월 노동자대투쟁은 6월항쟁의 직접적인 계기로 촉발됐지만 그 배경과 투쟁의 동력은 멀리 1970년대부터 준비된 것이었다. 국가와 독점자본 중심의 급속한

자본주의 발전에서 응축된 노자간 계급모순이 가장 집약적으로 가장 순수하게 드러난 것이 노동자대투쟁이다. 다시 말해 자본주의 발전 그 자체의 필연적 산물이라 할 수 있다. 노동자대투쟁은 이미 독점자본을 중심으로 한 자본의 전반적인 지배가 전 산업에 걸쳐 완성되었고, 자본주의의 발전이 노동자계급에 대한 억압과 착취, 그리고 무권리에 기초하고 있다는 점을 극명하게 폭로하였다.

또한 노동자대투쟁은 면면히 이어져 온 한국 노동운동의 축적된 역량과 의미를 계승하며 준비되고 있었다. 해방 후 조선노동조합전국평의회(전평)로부터 출발한 민주노조운동은 1970년 11월 전태일 열사의 분신과 1970년대 민주노조운동, 1980년대 노동자들의 투쟁을 경유하며 성장하고 있었다. 그런 점에서 노동자대투쟁은 해방 이후

민주노조운동사의 계승이자 동시에 거대한 도약이었으며 '노동자가 이 땅의 주인'임을 선언한 투쟁이었다.

그리고 이제 1987년 노동자대투쟁은 30주년을 맞이하게 된다. 공장과 거리, 뜨거운 아스팔트의 거리를 휩쓸었던 작업복의 행렬이 여전히 영화 필름처럼 생생하게 떠오른다. 그럴 때면 빨라지는 심장의 박동을 느낄 수 있다. 3

천 건이 넘는 파업투쟁은 저마다 상이한 빛깔을 간직하고
있고 그 각각의 역사적 장면 속에 노동자계급의 투혼이
담겨 있다. 그런 점에서 그 각각의 투쟁은 연표 속에 형
식적으로 기록된 글줄이 전부가 아니며 과거의 지나간 추
억에 불과한 것도 아니다. 역사는 지나간 과거가 아니라
되살아나는 현재이기 때문에 1987년 노동자대투쟁은 지
금 '노동운동의 위기'라는 말이 회자되고 있는 이 시점의
노동운동을 반성적으로 돌아보게 할 반사경이어야 한다.

지금 시기에 노동자대투쟁을 부각시키는 까닭은, 당면
한 어려움을 딛고 민주노조운동의 정체성을 확인하고 위
기를 희망으로 전환시키는 계기가 되기를 바라는 필자의
생각 때문이다. 따라서 1987년 노동자대투쟁 30주년을
맞은 지금 노동자계급이 한 세대를 넘어 민주노조운동의
정신과 투혼을 다시금 지펴 올리는 거대한 변곡점이 되길
바라마지 않는다.

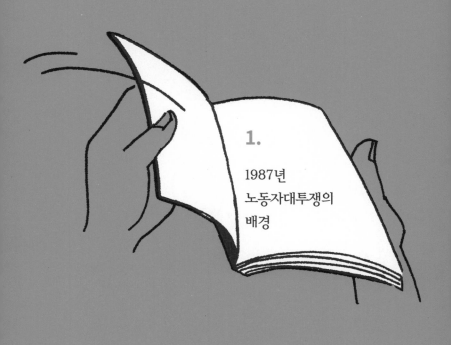

1.

1987년
노동자대투쟁의
배경

1987년
노동자대투쟁의 배경

> 경제 발전 지상주의에 신음하던
> 1970년대 한국 노동자 상황

1970년대 노동자들은 개발주의·국가주의·반공주의라는 지배 이데올로기 하에서 끊임없는 희생을 강요 당해야 했다. 세계 최장의 장시간 노동에도 불구하고 쥐꼬리 만한 저임금에 시달렸고, 열악한 작업 환경 속에서 항상 위험에 노출되어 있었다. OECD 국가 노동자들의 노동시간이 주 40시간대였던 것에 비해, 한국 노동자들은 55시간 일을 했다. 더구나 이러한 통계가 정부 발표였다는 사실을 감안하면 실제 노동시간은 더 길었을 것으로 추정해 볼 수 있다. 특히 제조업의 경우 주간 노동시간이 100시간이 훌쩍 넘는 경우도 허다했다. 임금은 최저생계비에도 훨씬 못 미치는 상태였는데 예컨대 1980년대 중반의 통계를 보면 4인 가족의 경우 총액임금으로 비교해도 60% 밖에 되지 않았다.

박정희 정권은 '선 성장, 후 분배'를 외치며 노동기본권을 유린했고 노동자들에 대한 억압적 통제와 탄압은 극에 달했다. 하지만 전태일 열사의 사후 노동자들의 반발과 저항이 시작되자 박정희 정권은 폭력적 탄압만으로는 통제가 쉽지 않다는 판단에 따라 노동자 정신을 지배하려는 계획을 수립, 실행하였다. 그것이 바로 공장 새마을 운동이었다.

1969년 국가에 의해 주도되는 농촌 개발운동으로 시작된 새마을 운동은 1973년 공장 새마을 운동 구상이 발표되면서 노동자들까지 동원되는 거국적인 유신 운동으로 확대되었다. 1974년 2월, 공장 새마을 중앙위원회가 설치되고 공장 새마을 운동 추진본부가 발족하면서 형식상 독자적이면서 민간주도적인 체제로 전개되었다. 전국의 각 지방은 물론 '공업단지', '36개 대기업', '국영기업체' 단위에도 추진 지부를 결성하고 전국적으로 3,900여 개 공장에 전담 부서가 설치되었다.

정부의 지침에 따라 노동조합 간부들을 1주일간 연수원에 모아놓고, 군대식 연수를 받게 했다. 대규모 사업장은 공단본부에 위치했던 새마을 연수원에서, 중소사업장 노동자들은 한국노총 연수원에서 연수를 받아야 했다. 훈련소처럼 새벽 일찍 일어나 구보하고, 매일 밤 10시까지 교육은 반복되었다. 새마을 연수원에서 받은 교육은 현장으로 이어졌다.

박정희 정권은 공장 새마을 운동을 통해 노동자들을 향한 이데올로기 공세를 강화하고 개발독재의 발판을 다지며 노동조합의 조직형태를 산업별로 전환시켰다. 산별 노조의 특징으로 봤을 때, 기업별노조보다 노동자 통제가 훨씬 쉽다는 판단이었다. 박정희는 73년 11월 수출의 날 기념 연설에서 공장 새마을 운동은 "낭비를 줄이고 능률을 향상시키기 위해 협동하며 생산성 증대를 위해 총력을 기울인다. 이를 위해서는 노사 간의 협조가 긴밀하게 이루어져야 하고 기업주는 '피고용인들을 가족처럼', 근로자는 '공장 일을 내 일처럼' 책임감 있게 성실히 수행해야 한다"고 강변했다. 공장 새마을 운동은 유신체제의 우월성을 주입시키는 '산업 부흥 운동'인 동시에 노동자 통제기법이었다. 그것은 '종업원을 가족처럼, 공장 일을 내 일처럼' 여기는 회사는 노동자들을 자식으로 취급하면서 먹여주고 재워주는 또 다른 부모였으며 노동자들은 다르게 섬겨야 할 부모를 새롭게 만났다. 공장 새마을 운동에서 노동자들은 산업역군의 임무만 있을 뿐, 사회적 주체로서의 위치는 꿈도 못 꾸게 하였으며, 노동운동을 국가 안보에 의한 사회 질서와 치안 유지 차원으로 다루었다. 기본생존권을 요구하는 노동자들에 대해서는 '자율적 타협'을 통해 처리되기보다는 억압적 공권력을 통해 짓밟았다.

지배권력은 공장 새마을 운동을 통해 품질, 생산성을 향상시킴으로써 원가를 절감하고 이윤을 배가하기 위한 주요한 전략으로 삼았다. QC(Quality Control)활동은 자발성을 강조했지만 토의 의제를 제한함으로써 노동자들이 게으르고, 부주의하고, 애사심이 부족한 탓에 불량이 발생하고 생산성이 떨어진다는, 늘 정해진 결론을 전제하고 이루어졌다. 한마디로 '자아비판'을 통한 공장 라인별 관리와 무한한 애사심을 강요하는 것이 공장 새마을 운동의 핵심인 동시에 QC활동의 본질이었던 것이다.

이런 가운데서 노동자의 편이 되어야 할 노동조합 조

직은 노동자가 처한 실상을 외면하고 눈 감았을 뿐만 아니라 오히려 노동자들을 통제하는 역할까지 떠맡으며 반노동자적인 편에 섰다. 1970년대 한국노총은 노동자들의 기본권보다는 '전체 국민들의 권익을 위해 활동한다'는 입장이었고 국가 전체주의적 노선을 걸었다. 노동조합의 기능과 역할은 불가능했다. 한국노총은 "노동자들의 투쟁은 반국가적인 동시에 국민의 불안정한 생활을 초래할 뿐만 아니라, 경제발전의 걸림돌"이라는 정부와 언론의 공세에 기꺼이 찬동했다. 노동자들의 요구를 수용하고 반영하는 것이 아니라 묵살하기 일쑤였다. 정권과 자본의 요구에 따라 정치적으로는 '3선 개헌'을 지지했고 유신 독재를 찬양했으며, 경제적으로는 정의사회 구현, 복지국가 건설을 위해 국민 화합과 국력 배양에 최선을 다하겠다는 게 한국노총이 자임한 자신들의 역할이었다. 이에 비판적인 민주노조 활동가나 노동조합 간부는 한국노총으로부터 '블랙리스트' 대상에 올라 감시 당해야 했다.

전태일 열사의 분신과 1970년대 민주노조운동

1970년 11월 13일, 청계천 평화시장의 재단사였던 전태일이 자신의 몸에 불을 붙였다. 그날은 전태일과 그 동료들이 노동자의 인권이 짓밟히고 있는 현실에 항의하며 '근로기준법 화형식'을 가졌던 날이었다. "근로기준법을 준수하라!", "우리는 기계가 아니다!"라고 외쳤던 전태일 열사의 분신은 장시간·저임금 노동에 시달리던 1970년대 한국 노동자들의 노예적 삶을 국제사회를 포함한 만천하에 폭로한 신호탄이었다. 전태일 열사의 사후 평화시장에는 청계피복노동조합이 결성되었고 이후 여러 민주노조가 등장하게 된다.

1970년대 수도권의 섬유와 금속 산업을 중심으로 수면 아래서 활동하던 민주노조 활동가들은 독자적으로 혹은 한국노총의 이름을 빌려 수련회를 가졌다. 매년 11월이면 산 속에 숨어들어 '전태일 추모제'를 하고 전태일 열사의 정신을 회고하며 민주노조운동에 대한 열망을 다졌다. 11월의 차디찬 밤공기 속에 밀려오는 긴장과 추위는 각자 하나씩 들고 있는 촛불로 녹이며 열사정신을 계승·발전시킨다는 각오와 결의를 다졌다. 수도권에서 약 50여 명이 참석하였는데 이들이 민주노조를 지향하는 활동가들이었다.

이러한 민주노조운동은 경공업 여성 노동자가 주축이었다. 한국노총과 산별노조가 어용화 되고 대부분 단위노조가 힘을 잃은 상태에서 활동가들은 자본과 정권으로부터 '자주적이어야 한다'는 기준을 갖고 활동하며 투쟁하였다. 도시산업선교회와 같은 양심적인 종교인들의 지원도 힘이 되어 주었다.

민주노조운동은 1970년대 내내 지속되었다. 1970년대 전반기에는 청계피복 노동자들의 노조결성 투쟁(1970.11), KAL빌딩 방화 투쟁(1971.9), 동일방직의 노조민주화 투쟁(1972.7), 콘트롤데이터의 노조결성 투쟁(1975.5), 1970년대 후반기에는 협신공업피혁사에서 가스로 질식사한 민종진 사망 사건(1977.7), 방림방직 임금체불 사건(1978.8), 해태

제과 3교대 투쟁(1978.8), 동일방직 투쟁(1978.3)과 YH 투쟁
(1979.9) 등이 있었다.

민주노조운동은 한국노총과 같은 어용과는 다른 새로
운 노동조합운동을 모색했다. 하지만 그 성격이 미래 노
동조합운동에 대한 조직적 과제를 중심에 두기보다는 단
결을 통한 현실 극복이라는 데 머물렀던 면도 있었다.

그중에서 1970년대 민주노조운동의 대표적인 사례로
동일방직과 YH 노동자들의 투쟁을 살펴보도록 하자.

1972년 동일방직 노조 지부 조합원은 1,380명이었는
데 이 중 1,200명이 여성 조합원임에도 노조지부장은 회
사의 말을 잘 듣는 남자들이 늘 차지하고 있었다. 이러한
가운데 1972년 7월 민주노조를 주장한 주길자가 한국에
서 처음으로 여성 지부장에 선출되었다. 그 후 동일방직
노조는 자주적이고 민주적으로 바뀌어 갔다. 회사는 집
행부와 열성 조합원들에게 협박, 회유, 폭행, 사표 강요,
부서 이동 등 갖은 패악을 부리면서 민주노조를 파괴하려
고 혈안이 되었다. 1976년 대의원대회에서 회사는 대의
원들을 매수해 사측이 내세운 고두영을 신임 지부장으로

선출하였다. 이에 분노한 조합원들이 농성에 들어갔고 7월 25일 경찰 수백 명이 들이닥쳤다. "옷을 벗자. 벗고 있는 여자 몸에 누구도 손을 못 댄다"는 외침에 따라 여성 조합원들은 작업복을 벗어 던지고 '나체 시위'를 벌였다.

또 1978년 2월 21일 새벽 대의원대회를 하려고 노조 사무실로 달려오는 여성 조합원들에게 회사에 매수된 남자 행동대원들이 똥물을 뿌려댔다. 가죽 장갑을 끼고 똥물을 가슴과 입에까지 쳐 넣었으며 똥을 바가지째 뒤집어 씌우는 짐승 같은 짓을 저질렀다. 조합원들은 "배우지 못해 아는 것은 없지만 똥을 먹고 살 수는 없습니다."라며 처절히 외쳤다. 한국노총 전국섬유노조 조직국장은 이 야만적인 탄압의 지휘 책임자로 와 있었고, 유신 정권은 중앙정보부 경인 지역 차원을 넘어 중앙에서 민주노조 파괴 공작에 직접 개입하고 있었다.

동일방직은 1978년 4월 1일자로 124명을 해고하였다. 이에 전국섬유노조는 기다렸다는 듯 동일방직을 '사고 지부'로 규정하여 집행부를 해산시켰고 해고자 124명의 명단을 '블랙리스트'로 만들어 전국의 사업장에 보냄으로써 해고자들의 '일 할 자유'를 원천 봉쇄했다.

　다음으로 YH노동조합의 투쟁을 살펴보자. 국내 최대 가발업체로 성장한 YH무역에서 돈을 번 장용호 회장은 미국으로 돈을 빼돌려 호화주택을 구입하고 미국에 회사를 설립했다. 그러나 1970년대 말 세계적인 경제 불황으로 회

사사정이 좋지 않자 1979년 3월 30일 폐업공고를 냈다.

이에 YH 노동자들은 부당폐업 철회와 밀린 임금청산, 고용승계를 요구하며 농성 투쟁을 벌였다. 4월 13일 기숙사를 중심으로 싸우던 노동자들은 자신들의 투쟁을 사회에 알리기로 결정하고 200여 명이 8월 9일 신민당사로 들어가 농성하였다. 그러나 8월 11일 새벽 1,200명의 경찰이 전격적으로 투입됐고 농성 노동자들이 강제 해산당하는 과정에서 100여 명이 다쳤다. 그리고 그날 21살 김경숙이 경찰에 죽임을 당함으로써 사회적 문제로 확대되었다.

박정희 정권은 YH 노동자들을 야당 당사에 끌어들였다는 이유로 당 총재였던 김영삼에 대해 의원직을 박탈함으로써 김영삼의 지지 기반인 부산, 마산에서 '10월 부마민주항쟁'이 일어났다. 또 이에 연쇄적으로 항쟁 진압이 늦어진다고 책임 추궁을 당하며 궁지에 몰렸던 중앙정보부 부장 김재규가 대통령 박정희를 사살하는 10·26사건으로 이어졌다. 결국 YH 노동자들의 투쟁이 유신 체제를 막내리게 하는 중요한 계기가 되었다고 할 수 있다.

이와 같은 1970년대 민주노조운동은 한국전쟁 이후 단절된 노동운동의 맥을 새롭게 이어가기 시작했다. 조합원들의 '민주성'에 기초해 자본과 정권에 대한 '자주성'을 표방했다. 투쟁 양상에 있어서는 자본과 정권의 탄압에 의해 '전투성'을 보였다. 한국노총의 어용성 때문에 노동자들은 종교계의 지원을 받고 의존하기도 했으나 노조간의 연대로 발전하는 조직 전망을 찾지 못했다는 한계도 있었다.

1980년 민주화의 봄과
노동자들의 투쟁

1961년 5·16 군사 쿠데타를 통해 권력을 움켜쥔 박정희
가 궁정동 안가에서 자신의 충복 김재규의 총탄에 맞아
사망한 1979년 10·26 이후 한국의 민주주의는 일대 전진
할 기회를 맞이한 듯이 보였다. 하지만 전두환을 핵심으
로 한 '하나회' 신군부는 12·12 쿠데타를 통해 권력을 장
악하고 세력을 확대하였다. 이러한 정국 가운데서도 노
동자들의 투쟁이 분출되고 민주화운동이 활발하게 전개
되었다. 정치 전망이 불투명한 이른바 '안개 정국' 가운데
서 재야와 학생운동은 민주주의를 열망하며 '서울의 봄'
을 열게 된 것이다.

  1980년 봄, 억압적 노동운동 탄압에 짓눌렸던 노동자
들의 분노가 폭발하며 2천여 건의 노동쟁의가 일어났다.
특히 1980년 4~5월부터 고조되었던 민주화 열기와 더
불어 더욱 격렬한 노동자들의 투쟁이 펼쳐지기 시작해

5·17 계엄 확대 이전까지 897건의 노동쟁의가 발생했고 3월부터 5월 16일까지 파업을 벌인 사업장은 80여 개에 달한다. 투쟁 참가 규모에 있어서도 연인원 20만 명에 육박해 유신 체제 전 기간 동안의 쟁의 건수와 맞먹을 정도였다. 1980년 노동자들은 전년도에 비해 평균 25~30%에 달하는 임금인상을 요구하는 등 투쟁에 적극적으로 나서

" 1980년 봄, 꽃보다 투쟁!"

게 되었다. 쟁의 양상도 점심식사 거부, 태업, 잔업 거부, 파업, 농성, 시위, 방화, 파괴, 지역 점거 등 다양해지고 격렬해졌다.

개별 사례를 살펴보자면, 해태제과 노동자들이 1979년 부터 줄기차게 요구해 온 '8시간 노동제'를 쟁취해 냈고, 청계피복 노동자들은 평균 29%의 임금인상을 쟁취함으로써 여타 노동자들의 투쟁에 커다란 영향을 끼쳤다. 특히 1980년 4월 21일부터 3일 밤낮으로 쉼 없이 계속된 사북 탄광 노동자들의 투쟁은 비록 관제언론에 의해 '폭도'로 매도 당했지만, 이들의 집단적이며 폭발적인 투쟁은 이후 1980년대 노동자 투쟁이 민주노조를 통해 주도될 것임을 예고하였다. 이외에도 연합철강, 서울통상, 대동조선, 신흥화학, 반도상사 등 70여 개 사업장에서 임금인상, 상여금 및 어용 집행부 퇴진 등을 요구하며 파업농성에 돌입했다. 박정희 유신 정권 18년 동안 억눌렸던 노동자계급의 분노가 정치 공백을 뚫고 폭발하는 봄이었다.

그중에서도 강원도 정선군 사북의 노동자 투쟁과 부산 동국제강 노동자 투쟁을 살펴보도록 하자.

먼저 사북의 광산노동자들은 회사와 짜고 임금인상의 폭을 결정한 어용노조 퇴진과 임금인상을 요구하며 투쟁에 돌입했다. 동원탄좌 사북광업소 노동자들 100여 명이 4월 18일 농성에 돌입하자 사북지서장이 달려와 "계엄 하의 집회는 불법이라며 해산하라"는 명령을 내리고 항의하는 노동자를 연행했다. 이 사건이 발단이 되어 노동자 3,000여 명이 시위에 가세했다. 이에 강원도 경찰국장의 직접 지휘 아래 300명으로 증원된 경찰 병력이 진압을 시작했다. 시내에 있던 3,000여 시위대는 경찰에 밀려나 철둑과 안경다리 너머 동원탄좌 안으로 들어갔고, 내부에 있던 2,000여 명과 합류, 철로에 갱목을 쌓고 갱목과 돌을 던지며 경찰에 저항하기 시작했다. 앞서 올라가던 경찰이 소총으로 공포 2발을 발사하고 3발의 최루탄을 쐈다. 팽팽한 긴장이 일시에 무너지며 노동자들은 수천 개의 짱돌을 던지고, 여성들은 돌을 날랐으며, 갱목장에서 통나무와 바위들을 굴려 10분 만에 300명의 경찰을 완전히 제압했다.

노동자들이 사북역으로 진출하자 사북역 앞에서 대기

중이던 경찰들도 노동자들에게 쫓겨 자기들끼리 짓밟으며 도망쳤다. 결국 노동자들은 경찰이 철수한 사북을 3일간 해방구로 만들었다. 사북역은 물론, 사북에서 외부로 나가는 유일한 국도인 고한과 중산으로 통하는 두 곳을 완전히 봉쇄한 채 100여 명의 노동자들이 각목을 들고 출입자를 엄격하게 심사했다. 경찰도 실탄을 장전한 소총으로 완전무장한 채 사북 외곽을 완전히 차단했다.

이런 와중에 4월 23일 협상이 12시간 동안 계속되어 4월 24일 오전에 11개항이 합의되었다. 승리의 기쁨은 컸으나 전쟁을 방불케 했던 투쟁에 비해 얻은 성과는 상여금 150% 인상과 어용 집행부 퇴진이라는 미진한 성과였다. 탄광 노동자들의 아쉬움은 다음 투쟁을 기약하는 수밖에 없었다.

다음으로는 동국제강 노동자들의 투쟁을 살펴보도록 하자. 동국제강은 부산공장과 인천공장이 있었는데, 부산공장에서는 관리직 사원 200여 명과 생산직 노동자 2,600여 명 등 총 2,800여 명의 노동자가 8시간 3교대제와 12시간 맞교대제를 동시에 실시하고 있었다. 이들의 급여는 고작 8만 4,000원에 불과했을 정도로 형편없이 낮은 수준이었다.

1980년 4월 28일 부산시가 직권으로 15.4%의 임금인상을 단행했다. 이에 노동자들은 분노했다. 당시 물가 인상률은 연평균 25%에 달하는 상황이었다. 동국제강 노동자들은 임금 40% 인상, 상여금을 관리직 사원과 동일하게 지급할 것을 요구하며 농성에 돌입했다. 회사 측에서는 아무런 답변이 없었다. 이에 분노한 노동자들은 4월 29일, 회사 사무실 및 인사기록 카드와 경리장부 등을 보관한 계근실을 부수고 불을 지르면서 투쟁은 격화되기 시작했다. 급기야 같은 날 밤 8시 45분에는 120여 명의 기동 경찰이 출동해 회사 정문에서 200m 떨어진 곳에 진을 쳤다. 경찰들은 노동자들이 시내로 진출하지 못하도록 차단하고 소방차 7대를 대기시키는 등 진압태세를 갖췄다. 이에 850여 명으로 증원된 경찰과 맹렬한 기세로 달려 나온 노동자들 간의 일대 격전이 벌어졌다. 돌멩이, 쇠파이프, 각목으로 대항했지만 열세를 이겨내지는 못했다.

이날의 투쟁으로 동국제강 노동자 6명이 구속, 2명이

입건되었고, 5월 8일 추가로 8명이 구속되었다. 경찰도 11명이 중경상을 입었으며, 회사 측은 건물 50평을 포함 연건평 500여 평이 불에 탔다. 조업 중단까지 합치면 총 10억여 원의 재산 피해가 발생해 노동자들의 격렬한 분노와 그 위세를 확실히 각인시키는 계기가 되었다.

1980년 봄, 노동자들의 투쟁은 매우 격렬한 양상으로 전개되었고 노동자들의 분노가 얼마 만큼 쌓여 있는지 확인되었다. 그러자 한국노총은 시위를 진정시킬 목적으로 1980년 5월 13일 한국노총 대강당에서 '노동기본권 확보 전국궐기대회'를 개최하기에 이르렀다. 민주노조 활동가들은 한국노총 정한주 직무대행이 대회사를 시작하려는 순간 그를 끌어내고 연단을 점거했다. 그리고 그 자리에서 2,000여 명의 참석자들에게 "첫째, 대권후보(김종필, 김영삼, 김대중)들이 이 자리에 와서 노동3권 보장을 약속할 것. 둘째, 어용노조의 두목격인 김영태(섬유노련 위원장)와 김병용(금속노련 위원장)을 이 자리에서 제명할 것. 셋째, 요구가 관철될 때까지 이 자리에서 농성을 계속 할 것"을 제안했다. 농성 참가자들은 박수로 화답했다.

이날 이곳에는 각 산업별 노조 대표뿐만 아니라 노총에서 농성 중이던 동일방직 해고 조합원 124명, 원풍모방 수백 명의 조합원, 청계피복 조합원, 대한전선, 한일공업 등 '금속노조 민주화운동 투쟁위원회' 소속 조합원 등 2,000여 명이 있었다. 이들은 '큰 힘주는 조합', '노총가', '노가바' 등 노래를 부르며 농성을 이어갔다. 시간이 경과함에 따라 형식적으로 참여했던 간부들이 빠지고도 500여 명의 노동자들이 출퇴근을 하며 농성장을 지켰다. 농성자들은 강당 벽에 유신 정권과 한국노총을 규탄하는 대자보와 '동일방직 똥물 만행' 사진들을 붙였으며, 노동자들은 연단 토론을 통해 유신 정권과 한국노총을 규탄하는 발언들을 쏟아냈다. 다음날 서울대 학생 300여 명이 연대투쟁을 위해 스크럼을 짜고 올라왔으나 점거농성 지도부의 거부로 돌아가야만 했다. 최초의 노학연대가 불발된 것이었다.

그 직후 저녁 6시경, 농성 대오는 자신들의 요구와 결의를 담은 성명서를 낭독하고 해산하였다. 1970년대 탄압 받았던 섬유, 금속 노동자들의 분노는 극에 달했으나

비상계엄 정국의 조짐이 농성 대오를 위협함에 따라 한국
노총 점거농성을 자진 해산하고 말았다.

5·18 광주민중항쟁과
위축된 노동운동

1980년 민주화의 봄을 짓밟는 5·17비상계엄이 전국으로 확대되면서 노동자, 민중의 숨통을 조여 가던 그때, 광주에서는 학생, 노동자, 시민들의 민주화 시위가 계속되었다. 계엄군의 광적인 살인 진압은 민중들의 분노를 극에 달하게 했고 무장한 시민군들은 계엄군을 광주 외곽으로 몰아낸 뒤 며칠 동안 '해방 광주'를 만들었다. 그러나 전열을 재정비한 계엄군은 더욱 포악해졌다. 닥치는 대로 찌르고, 쏴 죽이는 계엄군의 미치광이 짓거리 앞에 짧았던 '해방 광주'는 피에 젖은 광주로 변했다.

광주민중항쟁에 대중조직(노동조합)이 조직적으로 참여한 흔적은 없다. 다만 전남도청을 끝까지 죽음으로 사수한 윤상원 열사가 노동자 정치조직인 전국민주노동자연맹(전민노련) 조직원이었다는 사실과 다수의 노동자들의 개별적 참여가 있었다는 사실만 남아 있다.

그러나 5·17 국가비상사태 하에서도 노동자 투쟁은 일어났다. 1970년대 말, 해태제과의 8시간 노동제 투쟁의 승리에 힘입어 롯데제과에서는 5월 14일 2,700여 명이 전면파업을 단행하였다. 이 투쟁은 5월 17일 계엄이 확대 선포되었는데도 완강하게 투쟁을 지속하여 큰 성과를 남겼다. 즉 노동시간이 4시간 단축되었음에도 임금 13%의 인상 효과와 상여금 400%를 쟁취해낸 것이다.

하지만 임금인상을 성공리에 끝낸 후 6월 2일, 광주민중항쟁 유인물을 현장에 돌렸다는 혐의로 부지부장과 부녀부장이 경찰서로 연행되었다. 또 비상사태 하에서 파업을 했다는 이유로 집행부는 강제사직 당함과 동시에 '순화교육' 대상자로 분류돼 '삼청교육대'에 끌려갔다. 그러나 살벌한 계엄정국에서도 파업을 벌인 불굴의 투혼은 역사 속에 남을 것이다.

광주에서의 학살 이후 노동운동의 위축은 피할 수 없었다. 민주노조운동은 계엄 정국에서 학습모임 형태의 야학, 소모임으로 활동했다. 신군부 등장으로 말미암아 노동운동은 새로운 방향을 모색하며 민주노조를 지향하던 활동가들과 학생운동 출신의 노동자들은 수면 아래에서 지하 활동의 형태로 활동할 수 밖에 없는 상황이었던 것이다. 이들은 '광주항쟁' 유인물을 돌리고, 외신에서 짜깁기한 광주학살의 비디오테이프를 몰래 함께 보며 분노하고 토론했다. 합법적인 노동조합 활동은 고사하고 이러한 소극적인 활동을 통해 겨우 신군부의 본질을 인식하는 정도가 당시의 상황이었다.

전두환은 민주노조를 말살하려고 했다. 활동가들은 소위 '정화 조치'에 의해 연행돼 조사를 받거나 삼청교육대(80여 명)에까지 끌려가기도 했다. 원풍모방노조 집행부 방용석과 박순희 등에 대한 정화조치와 해고, 수배는 물론이고 1982년 10월(추석날 새벽)에 원풍모방 노조에 대한 살인적 폭력으로 침탈을 감행하여 사회적인 문제가 되기도 했다.

1980년 전두환 군부의 정화조치에는 청계피복노동조합도 당연히 포함되었다. 전두환 군부는 청계피복노조에 대해 ① 정화대상자 4명(노동운동으로 구속된 적이 있는 조합 간부)의 사표를 신속히 받을 것 ② 평화, 동화, 통일상가 이외의 건물에서 일하는 노동자는 조합원이 될 수 없으니 조합비 징수를 중단할 것 ③ 이소선 어머니에 대한 월급 지급을 중단하라는 등의 정화지침을 내렸다. 노동조합은 존립을 위해 ②, ③항은 받아들였지만 ①항에 대해서는 계속 무시했다. 이러한 양보에도 불구하고 1980년 10월 11일 이소선 어머니를 포고령 위반으로 구속하여 징역 1년을 선고하고, 이어 12월 8일에는 조합 간부 8명을 체포했다.

아울러 노동조합에 대한 '업무 조사'를 통해 예산 전반을 관리·통제했고 활발하게 활동하는 노조 간부나 민주노조 활동가들을 공금 횡령자로 조작해내는 비열한 작태가 벌어지기도 했다. 노조 업무 조사를 빙자한 신종 탄압 술책이었던 것이다. 나아가 전두환 정권은 노동조합을 기업별 노조로 재편하는 동시에 국회도 아닌 국가보위비상대책위를 통해 세계적으로 유례를 찾을 수 없는 노동악법을 만들었다.

이처럼 노동운동에 대한 직접적 개입과 탄압을 전두환 정권 차원에서 이어가는 가운데 기업주들 역시 부당노동

행위와 탄압을 가했다. 노동운동은 크게 위축되고 무력
화되어 잠복기에 접어들게 되었다. 1980년 400건에 달어
던 노동자들의 투쟁이 1981년에는 186건, 1982년에는 88
건으로 줄어들었고, 그 요구내용도 임금인상과 같이 적
극적인 주장이 아니라, 노동조합 탄압, 휴·폐업에 맞선
생존권 사수 차원의 저항적 투쟁이 주류를 이루었다. 이

런 와중에서도 1982년 5월에는 원풍모방이 파업투쟁을 벌였다.

1983년 8월 27일에는 '인간 평등'과 '노동자도 인간'임을 표방한 '야학 연합회'를 급습해 대학생 300여 명, 노동자 200여 명, 그리고 다수의 성직자들을 강제 연행하여 각종 고문 끝에 강제 징집, 해고, 구속시키는 등 노동운동에 대한 전면적 공세를 취한 사례도 있었다.

유화 국면의 도래와
민주노조운동의 반격

1983년 말부터 1985년 말까지의 전두환 정권은 정통성, 합법성 시비를 무마하기 위해 이른바 유화 국면을 조성했다. 반체제 인사들을 체제 내로 끌어들이는 한편 1983년 6월 해직교수 복직, 사면복권을 단행하기도 했다. 또한 1985년 2·12총선에서 야당이 압승을 거두고, 1986년 아시안게임과 1988년 올림픽을 앞둔 정국 해빙의 필요성들이 겹치면서 탄압의 칼날이 다소 무디어지기 시작했다.

경제적으로는 높은 경제성장을 구가하고 있었지만 분배 상황이 조금도 나아지지 않은 것은 여전했다. 일부 지배계급 중심으로 조장된 소비의 이상 과열과 향락산업의 폭발적 성장, 극심한 부동산 투기가 사회 문제로 대두됐다. 결국 전두환 정권의 임금억제 정책에 노동자들은 더 이상 견디기 어려운 한계상황으로 내몰리고 있었다.

유화 국면 상황에서 학생운동 진영은 가장 빠르게 조

직을 정비, 군사정권 퇴진투쟁으로 나갔다. 노동운동 진영 역시 침체와 모색의 시기를 벗어나 서서히 자신들의 요구를 표출하면서 노동조합건설과 기본권 쟁취를 위한 반격을 시작하였다.

1984년 들어 블랙리스트 철폐 투쟁, 4월 23일의 부산 태화고무공장 노동자 600여 명의 직장폐쇄 항의농성, 5월 25일 대구 택시 기사들의 파업투쟁, 9월 7일 '청계피복 노조 합법성 쟁취대회'가 연이어 열려 침체된 현장 분위기를 일신하며 전국적인 투쟁으로 발전하는 계기가 되었다. 특히 청계피복노조의 합법성 쟁취투쟁은 1980년대 초반에 파괴된 민주노조를 새롭게 복구한 최초의 사례였으며, 법외노조임에도 쉼 없는 투쟁, 선도적인 노·학 연대투쟁을 전개함으로써 1980년대 노동운동의 새 지평을 열어갔다.

택시노동자들의 경우는 1984년 5~6월에 서울, 부산, 광주, 대구, 인천 등 10개 지역에서 사납금 인하, 격일제 근무 등을 요구하며 파업투쟁을 벌였다. 이들은 가두로 진출하며 투쟁의 과감성을 보이기도 했는데 특히 대구는

5월 25일 새벽 5시경 시내 중심 중앙주유소, 태평지하도, 대구역 일대에 택시노동자들이 500여 대의 택시를 몰고 나와 '사납금 인하', '부제 완화', '노조결성 방해중지' 등을 요구하며 농성을 시작했다. 6시 30분경 경찰과 조합장들의 설득으로 해산할 것 같던 이들은 8시에 이르러 오히려 900여 명으로 불어났다. 택시노동자들은 주요 지점마다 50~100여 명씩 농성을 하며 대구시내 교통을 사실상 마비시켰고, 경찰 100여 명이 해산을 시도했지만 완강한 저항에 부딪혀 강제해산을 중도포기하고 대치했다.

이같은 가두투쟁에 놀란 대구택시운송사업조합은 긴급 이사회를 열어 사납금 8,000~10,000원 인하, 월급 적립금과 사납금 25,000원 보장 등 모든 조건을 받아들였고 유경호 부시장도 이날 시위의 책임을 묻지 않겠다고 약속했는데 그 이후에야 택시노동자들은 비로소 해산하기 시작했다. 시청 앞에서 본대오가 해산하고 있던 오후 5시경 시내의 주요 도로에서 시위를 벌이던 택시노동자 1,000여 명은 반월동 로터리에 집결해 중심 도로로 행진하기 시작했다. 이 대오는 사주인 제일택시로 몰려가 택시 19

대를 뒤집어엎고 부숴버리는 등 격렬한 시위를 벌이다 오후 8시경 경찰에 의해 65명이 연행되면서 흩어지게 되었다. 5월 26일 연행자 중 9명이 구속되자 5월 26일과 27일 구속노동자 석방을 위한 파업과 시위, 서명운동이 시도됐지만 별다른 성과 없이 투쟁은 종료되고 말았다.

대구의 택시노동자 투쟁의 불길은 부산으로 번졌다. 6월 4일에는 부산 택시노동자 1,000여 명이 '택시미터기에 의한 일일 협정거리의 하향 조정', '사납금 인하' 등 5개항의 요구 조건을 내걸고 서면 로터리 부근에서 시위에 돌입했다. 부산시장을 비롯한 시청 간부들과 협의 끝에 '사납금 5,000원 인하', '상여금 월별 지급' 등에 합의했다. 그러나 사업주들은 5,000원 인하만을 받아들이고 나머지는 노사협의 후 결정한다고 발표했고 이에 격분한 부산시내 택시노동자 400여 명은 나머지 4개 요구 조건의 이행을 촉구하며 부전동 서면 로터리에서 택시를 집결하여 놓고 5시간 동안 시위농성을 벌였다. 택시노동자들의 집단투쟁이 아침 6시 30분까지 계속되자 긴급 출동한 기동경찰 500여 명은 노동자들을 강제해산하고 해산에 불응한

10여 명의 노동자들을 연행함으로써 이날 투쟁은 마무리 되었으나 투쟁은 다음날까지 계속 되었다.

대구지역 택시노동자들의 총파업투쟁은 비슷한 처지에 놓여있던 전국의 택시노동자들에게 커다란 영향을 미쳤다. 5월 26일에는 경북 경산, 5월 30일에는 대전, 서울의 세한콜택시, 강릉 택시노동자들의 투쟁으로 확산되었다. 특히 서울, 광주, 영주 등에서는 사납금 인하를 요구해 직접 행동에 들어가지 않은 상태에서 진행된 노사협의에서 사납금이 재조정되기도 했다. 전국적으로 전개된 택시노동자들의 파업과 거리시위는 제조업 노동자들에게도 영향을 끼쳤다.

해를 넘겨 1985년이 되자 노동자들의 투쟁은 한층 더 고양되었다. 1985년 4월의 대우자동차 투쟁을 시작으로 6월 24일 대우어패럴, 효성물산, 선일섬유 등으로 이어진 민주노조에 의한 '구로동맹파업'을 포함하여 상반기에만 총 164건의 노동쟁의가 일어나 전년 같은 기간에 비해 120%가 증가했으며, 이 중 절반인 83건이 삼성제약, 대우자동차 투쟁으로부터 시작한 임금인상 투쟁이었다. 이러한 투쟁은 하반기까지 이어져 한 해 동안 총 265건의 노동쟁의가 발생했다. 상반기 노동운동의 고양은 2·12 총선에서 민정당 참패라는 정치적 요인과 군사정권에 의해 극도로 억압되어온 노동자들의 불만이 곪아터진 것이었다. 1985년에는 경동산업, 동일제강 등에서 노동조합을 결성하려다 실패했지만 장성탄광, 해태제과, 통일산업에서는 어용노조에 대한 민주화 투쟁이 활발하게 진행되었다. 또한 지역 노동단체들의 창립도 활발해져 '인천지역 노동자복지협의회'가 결성되었고, 4월 10일에는 인천과 구로지역 해고 노동자들이 중심이 되어 '노동운동탄압저지 투쟁위원회'가 결성되었으며, 6월 1일에는 '구로지역 노조민주화추진위원회연합'이, 다시 8월 25일에는 '서울노동운동연합'이 결성되었다.

이 시기 조금 더 자세히 살펴봐야 할 두 가지 큰 투쟁은 대우자동차노조와 구로동맹파업이다. 먼저 대우자동차 파업을 살펴보자. 대우자동차의 민주세력은 임금인상 투쟁을 선도적으로 준비해 왔고 1985년 노조 집행부를 압박하는 가운데 조합원들의 열화와 같은 지지 속에 부평공장 2000여 명의 조합원들이 4월 16일 파업에 돌입하게 된다. 이후 기술센터에서의 농성 등을 거치고 경찰의 강제 해산 엄포 하에서 사측과 협상 끝에 4월 25일 기본급 10% 인상에 합의, 열흘 간의 파업은 종결되었다.

1985년 대우자동차 투쟁은 임금인상 투쟁이었지만 많은 의미를 남겼다. 대규모 사업장의 파급력과 위력이 확인되었다. 나아가 이 투쟁은 대규모 어용노조 사업장에서 간부중심적이고 개량주의적인 조직 싸움이 아니라 대중을 주체로 세워내 일상투쟁을 조직해 내고 그 속에서 대중의 새로운 구심력을 만들었다는 점에서 노동조합 민주화투쟁의 새로운 방향을 제시했다. 그러나 학생운동 출신 활동가들이 함께했음에도 불구하고 '노동자 정치의식을 고양시켜 내지 못한 한계'와 '민중운동과 노동운동 단체의 연대를 거부한 오류'와 '목적의식적인 정치적 선전·선동이 제대로 수행되지 않았다'는 점이 문제점으로 지적되기도 한다.

다음으로는 구로동맹파업을 살펴 보자. 대우자동차 투쟁이 종료된 후 전두환 정권의 대응은 다시금 탄압의 칼날을 빼든 모양새였다. 석 달 전의 임금인상 투쟁을 빌미 삼아 6월에 대우어패럴 노조 집행부 3명이 구속되었다. 이에 주변 민주노조들은 "대우어패럴 탄압은 타 사업장의 탄압이 아니라 우리에 대한 탄압"으로 규정하고 동맹파업에 돌입했다. 나아가 1970년대 노동운동의 한계를 극복하려면 연대투쟁을 해야만 탄압을 저지할 수 있다는 확신에서 시작되었다. 효성물산, 선일섬유, 가리봉전자, 대우어패럴, 부흥사 노동조합이 동맹파업에 참가했으며, 청계피복, 남성전기, 세진전자, 롬코리아, 통일산업 노동조합이 지원농성을 했다. 이 연대투쟁에 함께 했던 노조들 가운데 많은 부분은 그동안 조직화된 투쟁을 통하여 상반기 임금인상을 성공적으로 치러냄으로써 조합원 대중의 결합을 공고히 하였으며, 다른 한편으로는 야학, 소그룹 활동을 통해서 배출된 활동가들이 노조 집행부와의 긴밀한 결합을 이루어냈고 노동조합 일상활동을 통한 지역연대를 구축함으로써 노동조합 사이에 연대의 기류가 형성되어 있었던 것이다

비록 6월 29일 대우어패럴 농성장을 침탈한 구사대에

의해 농성은 해산되었지만 6월 24~29일에 이르는 기간 동안 5개 사업장 약 1,400여 명의 노동자가 파업에 참가했고 총 2,500여 명의 노동자가 투쟁에 함께했다. 한국전쟁 이후 최초의 정치적 동맹파업인 구로동맹파업은 전두환 정권에 맞선 투쟁이라 할 수 있다.

구로동맹파업에 대한 평가에서 성과적 측면은 ① 소그룹 운동을 통해 '계급'의 실체를 확인하며 노동운동은 계급운동으로서의 가능성을 보였다. ② 전술에 있어서도 경제투쟁을 정치투쟁으로 발전시켜 낸 성과가 있었다. 정치적 요구(구속자 석방, 노동삼권 보장, 노동운동탄압 중지 등)에 입각하여 대중적인 정치투쟁을 조직적으로 수행했다는 점이다. ③ 민주노조운동이 기업별 노조의 틀을 부수고 연대해 나갈 수 있는 가능성을 보여주었다. 이것은 1970년대 민주노조운동의 한계를 극복해 나가는 서막이었으며 이후 노동조합의 연대, 기업별 조합의 극복은 노동운동의 현실적 과제로 대두되었다.

구로동맹파업은 6월 24~29일까지(사업장 간 차이는 있음) 진행된 파업으로 구속자 43명, 불구속입건 37명, 구류

47명 그리고 해고, 강제사직, 출근정지, 휴폐업 등으로 생존권을 박탈당한 노동자는 1,300여 명에 달했다.

1985년에는 이외에도 서울과 지역에서 임금인상, 어용노조 해산과 노동3권 쟁취 등을 요구하며 45개 사업장에서 농성투쟁과 시위 등이 있었다. 1985년에 분출되었던 노동자 투쟁은 이미 1987년 노동자대투쟁을 예고하고 있었던 것이다.

6월항쟁과
노동자대투쟁

3저 호황과 유화 국면인 1985년 총선에서 야당의 승리에 따른 '직선제 개헌' 공세와 노동자·민중 투쟁의 고양, 그리고 학생들의 민주화투쟁은 전두환 정권을 압박했다. 전두환은 1986년 11월 소위 '건국대 사건'을 빌미로 정세를 역전시키려고 했다. 그러나 1987년 1월 박종철 고문사로 인해 전두환 정권은 더더욱 위기에 내몰리게 되었다. 그러자 평화적 권력승계를 약속했던 전두환은 태도를 바꿔 4월 13일, 직선제 개헌 요구를 정면으로 거부하는 '호헌조치'를 발표했고, 이에 맞서 야당과 민중진영은 5월에 직선제 개헌을 당면 목표로 하는 '민주헌법쟁취 국민운동본부'를 결성하여 반정부 투쟁을 본격화 하였다.

전두환 정권은 권력의 재생산을 위해 대통령직선제보다 내각제 특히 이원집정부제를 선호하였다. 이 전략은 야당에 대한 분할지배 전략이었다. 내각제라는 당근을 통해 야당 내부의 세력을 분리시키는 전술을 구사하면서 재야로 불리는 민주화추진협의회(민추협)에 대한 압박을 강화하였다.

이러한 일방적인 조치는 오히려 정치적 긴장과 대립을 격화시켰다. '4·13호헌조치'는 군부독재정권의 지배구조를 강화한 것이기에 민중운동진영의 입장에서는 결코 수용할 수 없는 것이었다. 민중운동진영과 야권은 직선제 개헌을 재차 요구하면서 기존 헌법에 의한 모든 정치일정 거부를 선언하면서 투쟁의 장을 확장시켜나갔다.

4·13조치 이후 민중운동과 야당의 반독재연합으로 활성화된 전두환 정권에 대한 투쟁은 부천서 성고문 사건, 박종철 고문살해 사건, 노동자 황보영국의 분신, 통일민주당 창당방해 사건, 그리고 이한열의 죽음 등을 거치며 독재권력의 폭력성에 대한 분노는 절정으로 치달았다. 따라서 군부독재세력과 반독재연합(민중운동진영과 야당) 간의 민주주의 쟁점은 전면적 대결 양상으로 발전하였다. 6월 9일 이한열이 최루탄에 맞아 사경을 헤매고, 6·10대회를 경과하며 거리로 뛰쳐나온 노동자 민중은 '독재타

도, 호헌철폐'를 외쳤고 강경 진압에 나선 경찰에 짱돌과 화염병으로 맞섰다.

6월항쟁에서 노동자들의 투쟁도 빼놓을 수 없다. 넥타이부대로 상징되는 사무직 노동자들과는 달리 생산직 노동자들의 참여는 지체되었는데, 그 이유는 1980년대 중반까지 노동자 투쟁에 대한 극심한 탄압으로 위축되었기 때문이다. 그러나 항쟁이 후반으로 접어들면서 공단지역을 중심으로 적극적인 노동자 참여가 나타났고 지역에 따라서는 노동자들이 항쟁을 주도하는 모습도 보였다.

6월 10일 인천지역은 부평역 앞에서 3천 명이 시위를 시작했으나 경찰의 최루탄 발사에 투석으로 맞서 싸울 때는 퇴근한 공단노동자들이 합세하면서 시위대는 7천 명으로 늘어났다. 6월 26일 오후 8시 백마장 입구에서 노동자들이 중심이 되어 경찰 방어벽을 무너뜨리고 연행자를 구출했다. 10시 30분에는 부평공단 대우자동차, 한독시계, 동서식품 등의 노동자들이 모여 경찰을 향해 돌진하여 경찰이 혼란에 빠진 틈을 타 경찰버스에 연행돼 있던 사람들을 구출했다.

성남지역에서도 6월 19일부터 노동자 참여가 두드러져 이들이 시위대 주력을 형성했다. 오후 6시경 2천여 명의 시위대가 공단 노동자들과 합세하기 위해 공단으로 진입하자 순식간에 노동자들이 결합하여 시위대는 4만여 명으로 불어났다. 다음날 아침까지 산발적 시위로 중앙파출소, 신흥파출소, 노동부 사무소가 투석으로 박살났다. 6월 26일에는 3만 명으로 불어난 시위대가 중앙파출소를 점거하기도 했다. 이날도 노동자들이 대거 참여해 노동3권 보장, 저임금 박살 구호를 외치며 투쟁했다. 성남시청에서 작성한 6월 20~21일 가두시위 보고서에 의하면 전체 연행자 수가 80명이었는데 이 중 노동자가 41명으로 연행자의 과반이 넘을 정도였다.

안양지역에서도 6월항쟁 기간 동안 노동자 거주 지역과 공장 거리에 집회를 알리는 전단지가 뿌려졌다. 공장에서는 삼삼오오 모여 퇴근 후 집회 참여를 조직했으며 민주노조 활동가들은 노조 승합차로 화염병을 나르기도 했다. 이 투쟁에 참여한 노동자들은 '잔업, 특근, 철야 없이도 노동자가 먹고 살 수 있게 힘쓰자'고 했다. 밤 10시쯤에는 전투경찰을 향해 돌격을 했고 시위대의 화염병 세례에 민정당사, 안양경찰서, 노동부 출장소가 불탔다.

부산지역에서는 택시·시내버스 노동자들의 참여가 두드러졌다. 특히 택시노동자들이 참여하는 18일 새벽부터 시위가 한층 격렬해졌다. 택시노동자들은 택시를 나란히 세워 바리케이드를 만들고, 차량의 연료를 뽑아서 화염병을 제작하는 등 전투적인 투쟁으로 참여하였다.

이런 상황은 광주와 호남에서도 마찬가지였다. 목포에서는 택시노동자들이 6월 10~13일 '월급제 실시', '근로조건 개선하라', '사용자는 각성하라'는 등의 구호를 외치며 철야농성을 이어갔다.

이리에서도 6월 10일 시위대가 공단 안으로 들어가 '노동3권 보장하라'는 구호를 외치며 투쟁했고, 6월 21일에는 투쟁 중이던 후레아훼숀 노동자들이 조직적으로 참여하여 부당해고 사례를 폭로했고, 시위대는 3만 명으로 늘어났다.

포항에서는 6월 10일과 26일 포항제철, 성림기업 등이 포항공단 5만여 명의 노동자들을 항쟁에 참여하지 못하게 밤늦도록 붙잡아 두는 사례가 있었다. 그러나 이들은 밤늦게 작업복 차림으로 참여하며 '민주화가 되려면 노동 3권이 보장되어야 한다'고 주장했다. 이들의 참여로 시위대가 급격하게 늘어났다.

울산 투쟁에서는 노동자들이 대거 참여하여 파출소, 민정당사, 경찰서에 투석을 했다.

마산에서 6월 항쟁시 뿌려진 유인물

마산은 6월 10일 시위대 3만여 명이 자유수출지역으로 이동하여 '최저임금보장, 근로기준법·파업권 쟁취' 등의 구호를 외쳤다. 이 투쟁에서 수출자유지역 후문이 파괴됐고 양동파출소가 불탔다. 26일 시위에는 노동자 100여 명이 북마산 회산다리 부근에서 차량통행을 차단시키며 시위에 돌입, 경찰과 치열한 투석전을 벌였다. 노동자들은 처음에는 개별적으로 혹은 소모임 차원에서 참여하다가 점차 통근버스에서 유인물을 나눠주며 선동을 하고, 아예 퇴근하는 버스에서 한꺼번에 내려 투쟁에 참여하기로 했다. 회사는 시위가 끝날 때까지 잡아놓느라 일부러 야근을 시키곤 했다.

노동운동진영은 6월항쟁에 조직적(노동조합)으로 참여하지는 못했다. 그 이유는 1985~1986년에 전두환 정권의 탄압에 위축되었기 때문이다. 그러나 탄압을 받으면서도 노동자들은 6월항쟁에 개별적, 그룹별로 참여했고 조직별 참여도 있었다. 서울지역에서 있었던 6월 20일 가리봉 오거리 가두시위, 6월 24일 영등포 로터리 가두시위, 이리 지역에서 있었던 후레아훼손 노동자들의 참여 등은 노동자들의 독자적인 투쟁이며 조직적 참여라고 할 수 있다.

6월 26일까지 500만 명이 참여한 것으로 추산되는 노동자 민중의 투쟁에 밀린 전두환 정권은 4·13조치를 철회하고 대통령직선제를 핵심으로 하는 6·29선언을 발표하였다. 선언은 ① 대통령직선제, ② 시국관련 사범 석방과 사면복권, ③ 언론의 자율성 보장, ④ 사회 각 부문의 자치와 자율보장으로 요약된다. 이 조치는 신군부의 정치적 후퇴를 의미하는 것이었지만 다른 한편으로는 대중투쟁으로 확산된 6월항쟁의 동력을 소진시키는 중요한 계기가 되었다. 6·29선언에는 직선제로 상징되는 정치적 자유와 선거법 개정, 언론의 자율성은 담겨 있으나 직접적으로 노동자계급의 민주적 권리를 규정하는 어떠한 의미 있는 조처도 포함되어 있지 않았다.

상황이 이렇게 되자 6월항쟁에 기대를 걸고 참여했던 노동자들은 그냥 주저앉기에는 너무나 절박한 삶의 현실이 고통스러웠다. 따라서 노동자들이 자신의 권리를 확보하기 위해 또 다른 투쟁이 필요했다. 그런 측면에서 어쩌면 '7·8·9월 노동자대투쟁'으로 일어서는 것은 자연스

러운 행동이었는지 모른다. 때문에 노동자대투쟁은 6월
항쟁의 계승인 동시에 연장이었던 것이다.

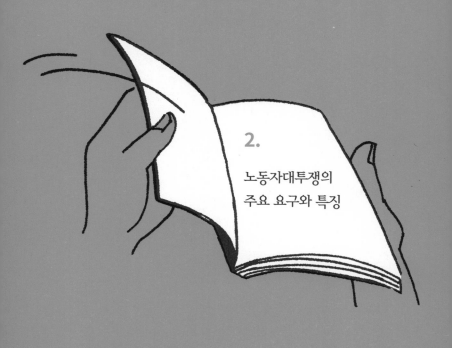

2.

노동자대투쟁의
주요 요구와 특징

노동자대투쟁의 주요 요구와 특징

주요 요구

1987년 상반기 노동자 투쟁은 4·13 호헌조치 이후 정부의 강경 탄압으로 고립분산적인 투쟁에 머무르고 있었다. 그러나 '3저 호황'에 따른 노동자들의 기대 속에서 자발적인 투쟁은 계속되었다. 정부와 자본의 강경한 탄압으로 노동자들의 불만과 분노는 전면적으로 표면화되지 않았지만 분명한 것은 오랜 억압과 침체를 벗어나기 위한 투쟁이 준비되고 있었다는 점이다. 특히 6월항쟁을 통해 자각된 노동자계급의 민주주의에 대한 인식이 '6·29선언'이라는 정부여당의 전술후퇴의 정세를 타며 고양되었고 노동자계급은 역사의 전면에 등장하기 시작했다.

7·8·9월 노동자대투쟁은 그동안 '저임금', '장시간 노동', '열악한 작업환경' 및 '폭력적 노동통제' 속에서 고통받아 온 노동자들의 투쟁이었다. 대부분의 투쟁 사업장에서는 '노동력에 대한 정당한 대가(임금인상)와 인간적 대우'를 요구했고 권위주의적 관리체계에 대한 불만이 쏟아졌다. 아울러 노동자들은 임금인상이라는 생존권 투쟁에만 머무르지 않고 자신들의 조직인 노동조합 결성, 어용노조 민주화를 포함한 노동3권을 쟁취해야 한다고 자각하기 시작하였다. 이는 이익 갈등의 측면을 넘어서 노자 간 역학관계를 재편시키는 것이기도 하였다.

노동자대투쟁의 핵심적 요구는 임금인상으로 출발했지만 투쟁을 이끈 주된 요인은 일시적인 임금인상보다는 사회 전반에 걸친 민주화에 상응하는 현장 민주화와 일방적 노자관계에 대한 개선 요구였다.

기존 노조가 있는 사업장에서의 요구는 어용노조 퇴진

이었는데 노동자들은 6·29선언 이후 회사 측 지원을 받아 신설된 노조에 대하여 노조 집행부 교체, 위원장 직선제, 노조 활동 및 노동조합비 공개 등을 요구했다. 이와 같은 노조민주화 요구는 노동자 투쟁이 발생한 사업장 70% 이상에서 제기되었다. 민주노조 설립을 통한 임원 직선제 선출이나 어용노조 퇴진으로 표출된 노동현장의 민주화 요구는 노동자대투쟁 기간 중 노동조합 결성의 활성화로 나타났다.

또 하나의 요구는 '노동자 인권선언'이었다. 노동자대투쟁 이전의 현장은 군대식으로 통제되고 있었기에 인간다운 대우, 근로기준법 준수 등의 요구도 다양하게 나타

났다. 두발자유화, 생산직과 사무직간 작업복·명찰 등의 차별 철폐 같은 권위주의적 노무관리에 대해 개혁 요구가 분출했으며, 관리직과 동일한 통근버스 이용, 간부식당 폐지, 간이세면대 설치, 체조시간 폐지 등 부당노동행위와 비인간적 대우에 대한 불만이 터져 나왔다. 근무형태의 변경(12시간 맞교대에서 3교대 근무), 초과노동에 대해 법정 잔업수당의 지급, 연월차 유급휴가, 법정 유급휴가, 생리휴가, 국경일 휴일 인정, 도급제 폐지, 퇴직금 누진제 실시 등 다양한 요구들이 줄을 이었다. 이는 그동안 강요되어 왔던 일방적이고 억압적인 노사관계에 대한 노동자들의 집단적 반발이자 투쟁을 통해 높아진 노동자들의 권리의식을 반영하는 것이었다.

노동자대투쟁의 특징

7·8·9월 노동자대투쟁의 첫 번째 특징으로는 무엇보다도 전국, 전 산업에 걸쳐 폭발적 형태를 띠며 동시다발적으로 터져 나온 점이다. 8월 중순에 들어서는 하루 평균 300개 이상의 사업장에서 파업농성 투쟁이 진행되는 등 전국 사업장에서 노동자들의 투쟁이 봇물 터지듯 분출해 사실상의 '전국 총파업'에 가까웠다. 그러나 그것은 전국적 연대에 의해 조직된 것이 아니라 하나의 공장에서 다른 공장으로 들불처럼 번져간 자발적인 것이었다.

두 번째 특징은 자발적 투쟁을 조직한 주체가 있다는 점이다. 노동자대투쟁은 6월 민주화 투쟁의 정치사회적 공간의 틈을 비집고 그동안 억눌려온 노동자 대중의 요구가 터져 나온 것이었다. 그러나 지역과 현장에서 선진 노동자, 학생 출신 활동가들에 의해 조직되고 실천된 측면이 있다는 것이다. 말하자면 노동자 투쟁은 주체 면에서 광범한 노동자 대중의 자주적, 자발적 투쟁이라고 규정한다. 그러나 투쟁을 기획하고 전술을 논의하며 교육과 토론을 정착시키는 계기에 활동가들의 역할이 있었다는 점을 간과할 수 없다. 노동조합이 없거나 어용노조인 경우도 투쟁의 촉발은 소수 활동가들의 선동으로 시작하여 확대시켜 나갔고, 세를 결집한 후에는 한시적 조직(임금인상 투쟁 혹은 민주노조쟁취위원회)을 중심으로 출발하여 노동자 대중이 함께하는 투쟁으로 확산되었다.

세 번째 특징은 법 절차를 무시한 비합법 투쟁이었다는 점이다. 투쟁 형태를 보면 파업, 농성, 시위 등의 집단행동으로 시작하여 대중을 조직한 다음 협상으로 이어가는 '선 파업, 후 협상'의 특징이 있다. 이는 대부분의 투쟁이 노동쟁의조정법에 규정된 냉각기간과 같은 절차를 무시했다는 사실에서 잘 드러난다. 노동자대투쟁은 작업장 농성, 사무실 점거농성처럼 공장 담벼락 안에 갇히지 않았다. 횃불을 들고 가두로 진출해 시위를 벌이거나 중장비를 앞세우고 돌을 던지면서 공권력을 무력화시키기도 했고 도로와 철도를 점거하는 데에까지 나아갔다. 이렇

게 분출된 노동자들의 거대한 힘이 있었기 때문에 아이러
니하게도 노동부 차관이 '불법적' 노동조합의 대표와 교
섭을 하고 합의를 하기도 했다. 분노하고 단결한 노동자
계급 앞에 악법은 무력화 될 수 있음을 노동자들은 실천
속에서 배웠다.

　네 번째는 연대투쟁의 전형을 창출해냈다는 점이다.
지역별, 재벌그룹별, 산업별 연대투쟁이 주요한 투쟁 형태로 나타났다. 지역별 연대파업의 형태는 울산, 광주, 부산, 전주, 서울, 군산, 포항, 안양 등의 운수노동자 파업에서 가장 잘 드러난다. 지역별 연대투쟁은 공장의 울타리를 벗어나 '노동자는 하나'라는 인식을 심어주는 계기가 되었다. 재벌 계열사별 연대파업은 대우중공업의 창원(8월 4일), 인천(8월 6일), 영등포와 안양(8월 7일) 등 4개 사업장 연대파업과 울산 현대정공과 창원 현대정공의 연대파업, 금성사 등에서 나타났다. 특히 '현대그룹노동조합협의회'를 통한 연대투쟁은 독점재벌이라는 자본의 집중화된 형태, 기업 간 긴밀한 상호 연관이 오히려 노동자의 연대투쟁을 가능하게 하는 조건을 마련하고 있음을 보여준다. 이러한 연대투쟁은 이후 지역노조협의회, 그룹노조협의회 등으로 조직화되어 민주노조운동을 이끌어가는 조직적 구심으로 자리잡게 된다.

다섯 번째 특징은 산업구조 변화에 따른 투쟁의 흐름과 변화이다. 노동자대투쟁은 중공업, 화학공업에서 폭발되어 경공업으로 확산되는 양상을 보였고, 대기업 노조가 투쟁 기조 마련과 요구 관철에 중심적 역할을 해냈다. 이는 1987년 이전과 비교했을 때 노동운동의 주축이 경공업과 중소기업 중심에서 중화학공업과 대기업 중심으로, 제조업의 경우 여성 노동자 중심에서 남성 노동자 중심으로 옮겨지게 됨을 의미한다.

여섯 번째 특징은, 1970년대 민주노조운동과는 달리 1987년의 대투쟁은 목적의식적이었다는 점이다. 대투쟁 기간 동안 노동자들은 조직적 과제와 민주노조운동의 정신을 제기했다. 정치적으로 반독재 민주화 투쟁이 전면화된 정세 가운데 전개됐던 노동자대투쟁은 민주화투쟁의 전선 확대인 동시에 민주화운동의 질적 전환의 신호탄이었다.

일곱 번째 특징은 1987년 이전에 큰 투쟁이 있었던 지역이나 사업장이 노동자대투쟁에 참여하지 못한 경우(성남지역)가 있다는 것이다. 또 광주지역의 경우 노동자들의 불만은 높았으나 가두시위보다는 사업장(공장) 내 농성투쟁에 머물렀고, 공장 내 민주노조운동의 역량이 극히 미약하여 어용노조를 퇴진시키지 못한 채 잠정 합의 또는 조업과 협상을 병행하는 경우가 일반적이었다. 나아가 광주지역은 여타 지역에 비해 농성, 시위 노동자들의 규율이 상대적으로 떨어졌고 가족들의 지원도 제대로 조직되지 않았다. 대중의 불만은 팽배했으나 대부분의 투쟁이 타협 위주(특히 대공장)로 단시간에 타결되었다. 이런 현상은 1980년 5·18민중항쟁의 깊은 상처와 후유증 때문일 것이라고 보여진다. 몇몇 지역과 단위사업장에서 나타난 이런 현상은 '비록 투쟁에 패배했을지라도 소정의 성과조차 남기지 못했을 때 투쟁동력을 살려내기는 쉽지 않다'는 것을 말해준다.

여덟 번째 특징으로는 노동자 민주주의가 시작되었다는 점이다. 전국 다수의 파업 현장에서 노동자들이 모여 스스로 파업 프로그램을 만들고, 투쟁의 성격과 방향을 토론하는 시간을 통해 전술과 전략을 논의했다. 노동자 대중의 참여로 토론된 결과를 모아내는 것은 노동자 대중의 결의를 집약하는 과정이었다. 조합원 대중이 참여하는 조직이야말로 진정한 민주노조라고 할 수 있다.

아홉 번째 특징은 구속노동자와 해고자에 대한 원상회복 투쟁이다. 전체 사업장의 사례는 아니지만 여러 사업장에서 '구속자(연행자) 석방 없이 임금인상 소용없다'며 회사 측의 안을 거부하며 투쟁한 결과 다수의 연행 노동자가 석방됐다. '해고자 복직 없이 협상도 선거도 필요 없다'며 투쟁한 결과 해고 노동자를 복직시킨 사례도 있다. 이는 동지애, 나아가 노동자의 계급성을 생각해 보게 하는 대목이다.

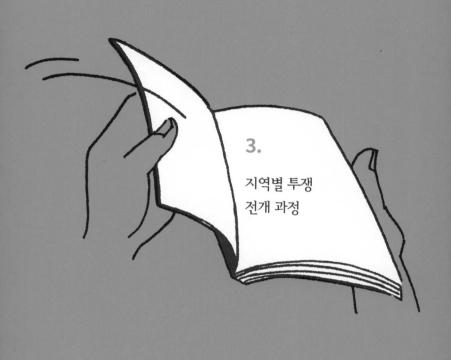

3.

지역별 투쟁
전개 과정

지역별 투쟁
전개 과정

노동자대투쟁의 첫 봉화는 울산에서 올랐다. 1987년 7월
초 '민주노조' 요구로 울산 현대그룹과 울산 중소사업장
까지 휩쓴 투쟁은 7월 말 부산과 마산, 창원, 거제로 번지
며 공장의 파업농성과 거리시위로 확산되었다. 8월에 접
어들면서 대구, 구미, 포항지역으로 확산된 노동자대투
쟁은 대전·충남지역, 인천, 부천, 성남, 전북, 충북, 광
주·전남으로, 경기남부지역과 서울로 전국을 관통하며
강원의 광산까지 동시다발적으로 전국을 강타했다.

　노동자대투쟁은 1987년 7월부터 9월까지 3개월간 전
국적으로 투쟁파고를 높였으며 파업에 참가한 노동자의
연인원은 2백만, 파업 건수는 3,341건에 달했으며 하루

평균 44건의 파업이 발생했다. 특히 8월에만 2,552건, 하루 평균 83건의 파업이 발생했고 8월 중순에는 하루 평균 300여 개 사업장에서 파업농성투쟁이 벌어졌다. 8월 한 달 동안 파업에 참여한 노동자는 122만 명으로 당시 10인 이상 사업체 노동자 333만 명의 37%에 이르렀다. 특히 가장 정점에 달했던 8월에는 하루 평균 쟁의가 83건이나 발생했다.

울산 노동자대투쟁

남한 최대의 공업도시 울산에는 공단지역에만 251개 업체 8만 5,000여 명, 온산공단과 공단주변의 기업체까지 합하면 533개 기업, 12만 6,900여 명의 노동자가 밀집해 있었다. 당시 울산지역에는 현대그룹 산하 15개 이상의 대기업들이 있었으나 노동조합은 단 한 군데도 없었다.

이들 기업의 노사관계는 노사협의회에 의해 조정되어 왔기에 노동자들은 노동조합을 결성하기 위한 노력을 계속해 왔다. 한편 태광산업, ㈜럭키 등 노동조합이 있어도 노동자들의 의사가 제대로 반영되지 않던 곳에서는 어용노조에 대한 불만이 쌓여 왔다.

1987년 울산지역 노동자들의 임금은 낮은 수준이었다. 예를 들어 현대정공 기능(생산)직 노동자의 임금은 고등학교 졸업 후 입사하여 5년 동안 근무한 경우 시급 680원이었다. 이를 월급으로 환산하면 기본급 157,000원이었다. 10년 경력자도 기본급은 19만 원 정도였다. 1986년 당시

울산사회선교실천협의회 노동문제상담소 울산노동소식(1987. 4. 20)

4인 가족 기준 최저생계비는 48만 원, 제조업 노동자 월 평균임금은 294,000원이었으니 수백 시간 잔업을 해도 최저생계비에 못 미치는 임금을 받았던 것이다.

이러한 실정은 현대그룹 계열기업 대부분이 비슷했다. 때문에 많은 노동자들이 월 300시간 이상의 장시간 노동에 시달리고 있었으며, 심지어 한 달에 500시간까지 작업을 한 사람도 있었다. 뿐만 아니라 현대 계열기업 노동자 대부분은 출근시간인 오전 8시 이전에 출근하도록 강요받아 왔다. 물론 8시 이전의 작업시간은 임금에 계산되지 않았다. 또 품질관리, 생산성 향상 토론 등 분임조 시간도 작업시간에 포함되지 않았으며 노동자들을 분할·통제하기 위한 임금·상여금 차등지급제도 노동자들의 불만을 가중시켰다.

현대 계열사 노동자들의 불만은 1980년 초반부터 조금씩 집단적으로 나타나기 시작하였다. 1979년 10·26 이후 계엄 상태에서 현대중공업은 노동조합 결성을 준비했으나 회사와 공권력의 탄압으로 최초의 현대 계열사 노동조합 결성 시도는 결실을 맺지 못했다. 그러나 울산지역 각

공장 활동가들은 노동자 처우에 대한 부당성을 현장 노동자들과 공유하며 홍보물 작성과 함께 크고 작은 집단행동을 조직하고 있었다. 울산지역 투쟁은 1980년대부터 활동을 모색했던 학생 출신 노동자들과 현장 활동가들의 영향을 접어놓고 얘기할 수가 없다.

현대엔진노조 결성과 현대그룹 노조 투쟁

1987년 7월 5일 현대엔진노조가 결성됐다. 다음 날 점심시간에 1천여 명의 노동자들이 참석한 가운데 보고대회가 열리자 생산직 노동자 1,500여 명이 노조설립 5일 만에 조합원으로 가입하였다. 울산노동상담소는 울산지역 노동자들에게 현대엔진의 노조결성 사실을 대대적으로 알렸다. 정주영은 "내 눈에 흙이 들어가기 전에는 노조를 인정할 수 없다"며 노조를 부정했다. 현대엔진 노동자들이 이에 항의하여 현대중공업을 향해 행진을 시작하자 투쟁의 불길이 현대중공업으로 옮겨 붙을 것을 염려한 회사

현대엔진노동조합 설립

측은 노조를 인정하겠다고 태도를 바꾸었다. 이런 분위기에 힘입어 7월 7일과 16일에 울산화학과 현대미포조선이 노조결성을 준비했다. 이에 당황한 사측은 노조결성 방해공작에 나섰다. 급기야 '현대미포조선 노조결성 신고서류 탈취사건'을 저질렀다. 이 사건은 노동자들의 누적된 분노에 불을 붙였고 재벌에 대한 일반 시민들의 비판을 가중시켰다. 이런 분위기를 모아 노동자들은 '민주노조 건설하여 민주노동자사회 만들자'며 파업으로 맞서자 회사 측은 굴복할 수밖에 없었다. 파업의 성과로 미포조선노조 설립신고증이 3일 만에 나왔다.

　현대그룹 노동자들의 투쟁의 파고가 높아지자 회사는 7월 21일 현대중공업, 24일 현대자동차와 풍산금속에서 어용노조를 급하게 만들었다. 25일, 현대자동차 8,000여 노동자들이 어용노조를 실력으로 제압하고 파업농성에 들어가자 회사는 어용노조 임원진 사퇴와 민주파인 이상범 임시집행부 인정에 합의했다. 26일에는 현대중전기 노조가 결성되었고 28일에는 현대중공업에서 어용노조

현대중전기노동조합 설립

"8시간 노동하여 생활 임금 쟁취하자

―현중 노조 개편 대책 위원회 경과 보고―

7월 28일 (화) 부터 뜨겁게 달아온 민주노조의 열망이
전 노동자의 피끓는 함성으로 천지를 뒤흔든다.
'나에게 밤을 달라. 내가 고프다.'
아! 이 아픔을 그 누가 알아 줄것인가?
임금 인상 25%, 고가 차등제 폐지 (상여금 차등제 폐
지)
그동안 말못하고 억눌려 왔던 전 노동자의 소원은 결국 이루어
지지 않는단 말인가?
29일 (수) 우리의 요구 사항으로.
― 안전 재해자에 대한 무료당. 이발소 운영권 인계.
― 안전 재해자 평생 생활 대책 보장
― 출근 시간 아침 8시로 일시 ―(훈하추동)
― 식사 처우 개선.
― 작업전 체조, 작업시간 인정 및 중식 시간 체조를 1시에 실시.
― 훈련소 출신과 공채 입사자의 임금 격차 해소.
― 두발 자율화
― 금번 4월의 유급 휴가 소급 실시.
그러나 이것으로 배고픔을 면할수 있겠는가?
전 노동자는 원한다.
'임금 인상, 상여금 차등제 폐지'
위의 관철을 위해 대책 위원회에서 전 경영진과 29일 19시
1차 협상에 들어 갔으나 결렬되고 22시 2차 협상 에서도
시간을 두고 해결하자는 회사측의 요구에 끝내 합의에 이르지 못하였
이에 본 대책 위원회 에서는 전 노동자의 소원이 이루어 지는날
집회를 계속 할것이며 대책 위원 전원은 무기한 단식 투쟁에 들어
갈것을 천명 하는 바이다.
현중 전 노동자 제위 께서는 여제 싸우는 마음으로 함께 손을
잡고 계속적인 투쟁에 적극적인 지지를 호소 합니다.

                    1987. 7. 30.

― 현중 노조 개편 대책 위원회 ―

현대중공업노조 개편 대책위의 경과보고

퇴진을 요구하는 파업과 농성투쟁이 벌어졌다. 현대중공업 노동자들은 어용노조에 맞선 '현중노조개편대책위'를 만들어 회사와 연말상여금 차등제 철폐, 두발 자유화, 새 노조 집행부 구성 등에 합의했다. 현대중전기, 현대미포조선 노동자들의 파업, 현대종합목재노조가 결성, 한국프랜지, 고려화학 외에 8개 사업장 파업농성, 8월 들어 현대종합목재 노동자 파업, 현대정공노조 결성과 파업농성, 현대자동차, 현대중공업 노동자 파업 등이 이어졌다. 현대 계열사 노동자들의 투쟁으로 8월 8일 현대그룹노동조합협의회가 결성됐다. 현대그룹노조협의회는 17일까지 협상이 이뤄지지 않을 경우 현대 계열사 전 조합원을 동원해 실력행사를 벌이겠다고 밝혔다.

지역 연대파업으로

울산 현대 계열사에서 터져 나온 노동자들의 파업은 지역 연대파업으로 번져나가 8월 초에는 울산 및 온산공단의

현대중공업 노동자들의 거리 진출을 막기 위해 회사가 정문을 봉쇄한 모습

대기업 대부분에서 임금인상과 노조민주화, 노동조건 개선 등을 요구하는 노동자 투쟁의 불길이 타올랐고 투쟁의 열기는 곧바로 하청 중소업체로 확산되었다. 이미 7월 말 태광산업, 대한화섬, 동양나이론, 동양폴리에스터 노동자들이 파업투쟁을 전개해 어용노조 퇴진과 임금인상을 쟁취하였고 8월 들어 럭키온산공장 노동자 파업, 덕양산업·한일이화 노조설립과 파업, 한국프랜지·풍산금속·삼우화학·우진기업·경동레미콘 등에서 노동자들의 파업농성이 이어졌다.

현대중공업 노동자들의 투쟁현장

시내로 진출하는 현대그룹 노동자들

한편, 현대중공업 노동자들은 이형건을 위원장으로 선출하고 현대 계열사 무기한 휴업조치가 내려진 8월 16일 정주영 회장과 직접 담판을 짓겠다며 서울로 올라갔다. 17일 현대중공업 정문에 회사가 쳐놓은 바리게이트를 뚫고 현대중공업 노동자와 현대그룹노조협의회 소속 노동자들이 회사 안 운동장에 합류했다. 노동자들은 거리시위에 나서 전투경찰의 저지를 돌파하고 남목고개까지 행진했다. 다음날에는 독신 노동자들이 격분하여 식기를 두드리며 현대노동자 아파트 단지 '만세대'를 돌면서 시위를 벌이자 순식간에 시위대가 불어나면서 이 일대는 해방구가 되었다. 현대중공업 정문에 모인 현대 계열사 노동자와 가족 6만여 명은 정주영 회장 화형식을 치른 후 샌딩머신, 지게차, 소방차, 덤프트럭, 중장비 등과 오토바이를 앞세우고 끝이 보이지 않는 긴 행렬을 이루며 시청을 향해 행진을 시작했다. 행진 대열의 길이만 4km였고, 이들이 남목고개를 넘어 공설운동장까지 행진한 거리는 16km였다. 이날은 경찰도 위세가 당당한 노동자들의 진군을 감히 막아서지 못했다. 공설운동장에서 집회가 열리는 동안 노동부 차관이 울산에 내려와 협상에 참여하면서 '현대중공업 민주노조 인정', '9월 1일까지 임금인상 타결', '각 계열사 사장들에게 전권 위임' 등 3개항이 합의됐다. 8월 19일 상경투쟁을 벌이던 현대중공업 이형건 집행부와 정주영 회장 간에 '이형건 집행부 인정' 등의 합의가 이루어졌다.

8월 중순 울산 투쟁은 절정을 이뤄 현대정공에서 조합원 직선으로 노동조합 위원장을 선출했고 고려화학, 금강개발, 한국비료 상용직, 효성바스프, 태창운수, 한국석유 노동자들이 파업했다. 현대중공업 하청업체 신성기업사, 한별공사, 덕원기업사, 진학도장공사 등 4개 사업장 노동자들이 파업에 들어갔고 대원교통 노동자들과 유공(현 SK) 청원경찰, 항운노조울산지부 노동자들이 파업을 벌였다. 삼성전관 노동자들은 자유노조 결성 보장, 임금인상 등을 요구하며 파업농성을 벌였다. 럭키 울산공장 노동자들은 파업을 하고 울산 시내 시위, 서울 여의도 쌍둥이빌딩 본사에서 농성을 벌였다.

9월 2일 임금협상 결렬에 분노한 현대중공업 노동자 2

만여 명은 중장비 80여 대와 오토바이 700여 대를 앞세우고 공설운동장을 거쳐 울산 시청까지 거리투쟁을 벌였다. 시청 광장에서 연좌농성을 벌이던 노동자들은 공설운동장으로 돌아가 밤샘농성을 계속했다. 이때 차량을 통제하던 채태창 씨가 술 취한 운전자의 차량에 치여 숨졌다. 4일 백골단과 전투경찰은 현대중공업 안으로 기습 침투해 100여 명의 노조 간부를 연행했다. 이에 현대중공업 노동자 1만 5,000여 명은 21일까지 파업농성으로 맞섰다. 9월 12일 현대엔진노조 사무실 앞에서 현대중공업 경비원들이 현대중공업노조 김형권 총무부장을 납치하려다 봉고차로 현대엔진 노동자 이상남 씨를 치어 중상을 입혔다. 이상남 씨는 1989년 612일간의 투병 끝에 병원에서 숨졌다. 현대중공업 노동자들의 투쟁이 계속되자 9월 16일 정주영 회장이 14% 임금인상 등 현대중공업 조업 정상화 방안을 내놓았다. 그러나 노동자들은 '구속자 무조건 즉각 석방'을 요구하며 파업농성에 들어갔다. 그런데 감옥에 있던 이형건 위원장은 9월 22일 조업정상화방안 합의서에 서명하고 말았다.

울산 노동자대투쟁의 특징

울산지역 노동자대투쟁의 특징은 파업농성이 진행되는 동안 참가자 수가 계속 늘어났다는 사실과, 농성과정에서 자체방어를 위한 경비대 혹은 순찰조 등을 조직하여 경찰과 회사를 비롯한 파업 방해세력의 침입을 막고 내부 규율을 강화하여 술 취한 사람이 농성장에 들어오는 경우를 사전에 예방하였다는 점이다. 이러한 파업규율은 전국 투쟁사업장으로 통용되었다. 또 하나는 연대투쟁이 일반화되고 있었다. 현대엔진과 현대미포조선을 중심으로 타 사업장에 대한 적극적인 지원과 격려를 아끼지 않았다. 이들은 현대자동차의 농성투쟁이나 회사 측과의 협상테이블에 함께 참여하는 것은 물론 태광산업 농성장을 방문하여 격려 연설을 했으며 현대정공에서 구속노동자가 발생하자 경찰서 항의방문 등을 수행함으로써 연대투쟁의 분위기를 고조시켰다. 한편 가족과 시민들의 지원과 참여도 두드러졌다. 기혼 남성 노동자들이 사원주택이나 공장 가까운 곳에서 노동자들의 파업농성이 진행

울산의 가족대책위 투쟁 모습

될 경우 가족들은 3,000여 명이 독자대오를 형성해 투쟁에 참여하기도 했다. 이런 가족대책위의 활동은 태광산업에서도 모범적으로 진행됐다. 이 점은 구로동맹파업에서 부모들에게 겁을 주어 농성대열을 분열시키려고 회유했던 사례와 비교되는 점이었다. 울산지역 노동자들은 비타협적인 투쟁 정신으로 울산을 해방구로 열었고, 많은 투쟁 성과를 남겼다. 그러나 한편에서는 협상을 서둘러 옥중에서 타결한 현대중공업 집행부의 행동은 아쉬움으로 남는다.

부산 노동자대투쟁

조직적 파업농성으로 승리한 대한조선공사 노동자

울산 투쟁의 불길이 전역으로 확산되는 시점에서 부산지역 노동자들의 투쟁도 불이 붙었다. 7월 13일 부산 동아건설 현장 노동자들이 파업농성을 통해 임금 25% 인상, 상여금 연 400% 지급 등 4개항의 요구사항을 관철시키자 부산지역 노동자들은 오랜 침묵에서 깨어나기 시작했다. 이어 '르까프 신발' 제조업체인 ㈜풍영에서 어용노조 위원장 퇴진, 부당 근로연장 취소 등을 요구하며 농성에 돌입하고 이어 태광산업 노동자들의 파업농성으로 확대되면서 투쟁의 불길은 대한조선공사(현 한진중공업)로 옮아붙기 시작하였다.

대한조선공사에서는 3월 12일 「조공 노동자신문」이 창간되어 당시 어용노조의 비리를 폭로하면서 노동자들의 지지를 얻고 있던 차 7월 25일 노동3권 보장, 어용노조 퇴진, 일당 1,500원 인상, 부당해고자 복직 등 20여 개의 요구가 적힌 벽보가 식당 벽에 나붙었다. 이 벽보를 본 관리자가 욕설을 퍼부으며 벽보를 찢어버리자 삽시간에 노동자 1,500여 명이 집결하여 노조 사무실 유리창을 박살내고 곧바로 회사 앞 태종로를 점거하며 농성에 돌입하였다. 농성에 돌입한 지 12시간 만에 회사 측은 4개 개선안을 공고하였으나 노동자들은 이를 거부하고 투쟁을 계속했다.

다음날 회사의 사주를 받은 폭력경찰이 농성장으로 쳐들어와 사과탄을 터뜨리며 노동자들을 짓밟고 80여 명을 연행했다. 27일 회사 정문 앞에 재집결한 노동자 2,000여 명은 연행 노동자 전원 석방과 경찰폭력 사과를 요구하며 격렬하게 항의하였다. 그리고 대표부를 구성하여 경찰의 추후 폭력에 대비한 경비대와 급식조를 편성해서 각 과별, 부서별로 조직적인 파업농성 체계를 구축하였다. 회사는 타협안을 제시하였으나 농성 노동자들은 연행된 동료들의 즉각 석방을 요구하며 타협에 응하지 않았다. 결국 연행자 전원이 석방되었다.

한편 농성 노동자 가족 500여 명도 노동자들의 투쟁을 지원하여 도로점거를 시도했고 농성장을 떠나지 않았다. 같은 날 대한조선공사 다대포 철도차량 공장 조합원들도 전원 파업농성에 돌입하였고 어용노조 불신임안에 하루 만에 1,500여 명의 노동자가 서명했다.

회사 측과 노동자 대표부의 협상이 결렬되면서 3,000여 명의 노동자가 지게차와 물탱크차를 앞세우고 현장에 있던 쇠파이프와 망치로 무장한 채 가두시위에 나섰다가 부산조선소 소장이 요구 조건 수락 여부를 답변해주겠다는 약속을 해 일단 회사 안으로 철수했다. 농성 노동자들은 가족과 합세하여 산소통 13개를 회사 입구 도로변에 쌓아 경찰의 접근을 막고 대치했다. 하지만 회사 측은 약속이행은 하지 않고 휴업을 공고했다. 이에 노동자들은 결의대회를 열어 투쟁결의를 다졌다. 결국 회사 측은 항복을 선언했다. 노동자들은 연 300% 상여금 지급, 하기휴가비 60% 및 유급휴가, 통근차비 폐지, 어용노조 퇴진, 식사 질 개선 등 요구를 관철시켰다. 대한조선공사 노동자들의 강고한 투쟁은 이후 부산지역 투쟁에 들불을 지폈다.

국제상사 노동자들의 투쟁과 지역 노동자 투쟁으로의 확산

7월 27일 국제상사 노동자들은 상여금 연 400%, 휴가비 100%, 휴가기간 유급, 어용노조 퇴진, 위원장 및 대의원 직선제, 몸검사 · 가방검사 철폐, 휴일특근 수당 250% 지급 등 16개항의 요구사항을 결정하고 투쟁에 돌입하였다. 회사는 30일 폭력배 70여 명과 관리직원 600여 명을 투입하여 여성 노동자가 대부분인 철야농성장을 습격해 각목, 쇠파이프, 망치 등을 사정없이 휘둘렀다. 이 폭력으로 62명이 부상당하고 8명이 입원했다. 노동자들은 사상 성당으로 농성장소를 옮기고 현장투쟁을 병행하며 끈질기게 싸웠다. 결국 15일 만에 '사후 보복금지' 등 합의가 이루어져 투쟁은 막을 내렸다. 국제상사 노동자들의 투쟁 과정에서 대학생 출신 '위장취업자'가 드러나는 사건이 발생했는데, 회사 측에서는 송후분을 불순분자로 지목하여 기숙사까지 와서 강제로 끌고 가려고 하였다. 이때 농성 노동자들은 남성 노동자들을 파견하여 구출하고 시위 현장에서도 필사적으로 방어했다.

부산지역의 대한조선공사와 국제상사 노동자들의 투쟁은 그 투쟁의 성과가 전국의 다른 동종업체에도 영향을 주어 협상의 기준이 되기도 했다.

국제상사 노동자들의 투쟁 이후 화학, 신발업체 노동자들의 투쟁이 급격히 확산되었다. ㈜화성 노동자들의 전면파업, 삼양통상 노조설립, 삼화범일공장·대양고무·진양화학·동양고무 노동자들의 투쟁, 동풍고무 노조 결성 등으로 이어졌다. 8월 11일에는 부산 선원노동자들도 투쟁대오에 합세했다. 대형기선 선망수협 선원, 국제상사, 대진여객 등 부산시내 19개 사업장 노동자 2,000여 명은 임금인상, 상여금지급 등을 요구하며 농성을 벌였고 이중 12개 업체 1,000여 명이 철야농성에 돌입했다. 대형기선 선망선원 600여 명은 11일 부산공동어시장 건물을 점거하여 시설과 기물을 부수고 농성한데 이어 밤늦게까지 시내 곳곳에서 산발적인 가두시위를 벌였다. 선원노동자들의 끈질긴 가두투쟁으로 60여 명이 연행되기도 했으나 해상 노동자들의 주요 요구사항인 임금인상 50%, 월 특별수당 5만원, 상여금 300% 지급, 선망노조 결성 등을 관철시켰다.

한편, 부산지역 노동자대투쟁이 소강국면에 들어간 9월 14일에 부산지역 국제상사, 삼화고무 등 6개사 노동자들은 부산 가톨릭센터에서 농성에 들어갔다. 이 투쟁은 큰 성과를 거두지는 못했지만 자본과 정권의 폭력성과

반인륜적인 본질을 전국 노동자들과 사회에 폭로하였고, 부산지역 연대를 견고히 함으로써 이후 부산지역 민주노조를 조직하는 기폭제가 되었다.

마산·창원 노동자대투쟁

부산의 투쟁 열기는 남해안을 따라 연쇄폭발을 일으키듯 마산창원공단을 휩쓸었다. 창원 동명중공업 노동자들이 7월 21일 노조를 결성했고 효성중공업 노동자들이 7월 27일 어용노조퇴진 등을 요구하며 파업농성에 들어갔다. 8월 들어 세신실업 노동자들이 식당 밥 질 개선 등을 요구하며 파업농성에 들어갔으며 대우중공업, 한국중공업, 한국카뷰레타, ㈜통일, 기아기공, 한국철강, 범한금속, 대한화학기계, 효성기계가 연이어 파업농성에 들어가는 등 지역 30여 개 사업장에서 거의 동시에 투쟁이 진행됐다. 8월 10일, 금성사 1·2공장 노동자들이 어용노조퇴진과 임금 30% 인상을 요구하며 철야농성에 들어가면서 주변 중소기업과 하청기업으로 급속히 확산됐다. 금성사, 대림자동차, 풍성전기, 창원기화기 등의 노동자들은 8월 11일, 지게차를 앞세워 가두시위를 벌이거나 통근

한국중공업 노동자들의 투쟁 현장

창원기화기 노동자들의 가두 시위

금성교통 노동자 투쟁 현장

마산수출지역 내 신한공업 노동자들

버스로 창원 전역을 돌며 시위를 벌였다.

마산지역 투쟁은 8월 5일 조선맥주, 동방유량, 태영운수를 시작으로 마산공동탁주, 한일합섬, 타코마, 동아실크, 동경실리콘, 한국판창 산본, 한국삼미, 신흥화학, 금성교통, 한국일선, 한국성전, 수미다, 신한공업, 동광, 한국ISI, 동양통신, 소요, 시티즌, TC, 한국중천, 스타 등으로 이어지면서 폭발적으로 확산되었다. 마산 수출자유지역이 형성된 지 17년 만에 8월 한 달 동안에만 총 75개 입주업체 중 20여 개 업체에서 노조가 결성되고 41개 업체에서 쟁의가 발생했다.

마창지역 노동자대투쟁에 참가한 노동자는 총 8만여 명에 달했다. 이는 마창지역 전체 노동자 약 15만 명 중 50%가 넘는 수치였다. 사업장 수로 보면 전체 250~300개 업체의 절반인 140개 업체에서 투쟁이 전개됐다. 7월 한 달간은 대부분 사내 농성을 중심으로 전개되었지만 금성 노동자들과 통일중공업 노동자들이 본격적으로 투쟁에 나서면서 가두투쟁으로 양상이 바뀌었다.

8월 중순 이후에는 정부의 개입이 본격화되어 전국에

서 최초로 활동가들에 대한 구속, 수배가 광범위하게 시도됐다. '외부 불순세력 노동자 선동'이라는 혐의를 덧씌우며 노동자 투쟁에 압박을 계속했다. 여기에 맞서 '경남지역노동자협의회'(경노협)는 노동자들의 투쟁을 담은 소식지 발간 등 지원 활동을 전개했다. 그 이유로 경노협

현대정공 소식지 창간호(1987. 9. 31)

회장과 한국중공업 해고자가 쟁의조정법 '제3자 개입금지 위반' 혐의로 8월 20일 구속되었고 그 외 2명이 같은 혐의로 수배되었다. 또한 노사간 합의로 투쟁이 마무리되었던 한국중공업, 한일합섬 노동자 중에서 각 3명과 2명이 투쟁을 이유로 구속되는 등 자본 측의 탄압이 거세게 몰아쳤고 이에 맞서 대응하는 마창지역 노동자들의 연대투쟁 또한 뜨겁게 달아오르며 투쟁이 가두투쟁으로 발전했다.

외부세력이 개입되었다는 사측의 이데올로기를 분쇄한 통일 노동자

(주)통일 노동자 투쟁은 요구뿐 아니라 농성 프로그램 등 여러 면에서 주목할 필요가 있다. 8월 7일, (주)통일 천여 명의 노동자들은 출근과 동시에 '8시간 노동으로 생활임금 쟁취하자'는 현수막을 앞세워 1, 2공장을 돌며 어용노조 퇴진, 임금 정액 2,000원 인상, 통일교 원리교육 즉

각 중단, 강제잔업 철폐, 해고자 전원복직 등 7개항을 요구하였고 이어 본관 앞에서 농성에 돌입했다. 그날은 '조합원 총회'를 개최하였고 다음날에는 '왜 노동자들이 전국적으로 파업농성에 돌입하는가?'라는 주제로 토론회를 개최하였으며 매일 계속되는 가두방송을 통해 회사 측의 기만적이고 반노동자적인 작태를 폭로하는 등 체계적인 파업농성을 전개했다. 아침 기상과 집단 체조, 문화 프로그램과 집회를 통해 '왜 싸워야 하는가?', '6·29선언의 허

창원 통일중공업노조의 투쟁 현장

구성', '노동자와 민주주의의 관계' 등 토론의 주제를 확장해 나갔다. 또 장기파업에 대비하여 자체적인 경비대를 편성해 정문과 후문 여러 곳에 바리케이드를 설치하는 한편 옥상과 1층, 2층, 정문경비조, 외곽경비조, 연락조, 방송조 등 10개 조로 조편성을 했다. 방송조의 경우 음주 엄금 등의 내부 규칙을 공지하고 '왜 우리는 농성을 하는가?' 등의 내용을 옥상 양측에 설치한 확성기로 주변의 노동자들과 시민들에게 방송하는 한편 틈틈이 노동자들의 노래를 틀어 놓았다.

통일 노동자 투쟁에는 시민, 학생 그리고 해고 노동자들의 연대투쟁이 적극적이었다. 정부와 회사 측은 외부세력이 개입됐다고 공격을 퍼부었지만 통일 노동자들은 이에 아랑곳없이 "우리 노동자에게 내부도 외부도 없다. 오직 단결된 하나의 노동자가 있을 뿐이다"라는 말로 계급성을 강조했다.

파업 18일째인 8월 24일에는 회사 측이 800여 명의 구사대를 동원하여 파업농성을 분쇄하려고 시도하였다. 파업 대오가 옥상으로 밀려나던 중 노동자 2명이 구사대에

떠밀려 2층에서 떨어져 척추가 절단되는 사건이 발생했다. 이를 목격한 비농성자들이 제2공장 후문을 통해 농성자들과 합세하자 구사대 폭력을 방관하던 경찰이 그때서야 구사대를 해산시켰다. 그러나 격한 감정이 가라앉지 않은 농성자 300여 명은 제2공장으로 가서 격투 끝에 구사대를 무장해제 시키고 이 과정에서 구사대를 진두지휘했던 부사장을 사로잡아 각서를 받아낸 후 풀어주었다.

8월 28일, 파업 22일째, 드디어 회사 측과의 협상을 통해 민주노조 인정, 강제잔업 철폐, 원리교육 중단 등 3개항을 타결했다. 이어 마지막으로 임금 문제를 놓고 밀고 당기던 줄다리기 끝에 일당 1,000원 인상, 가족수당 5,000원, 일률적인 2만 원 수당 지급, 해고자 복직 등을 쟁취하면서 22일간의 투쟁을 마무리 지었다. 통일 노동자들의 투쟁성과 이에 대한 긍지는 그들이 회사 정문에 내건 현수막 '민주노조 쟁취 시범업체'라는 구호에서도 잘 나타나고 있었다.

지게차를 앞세우고 거리로 나온 금성사 노동자

8월 10일 금성사 제1공장 노동자 3,000여 명이 본관 앞 잔디밭에 모여 임금인상과 어용노조 퇴진을 요구하며 농성에 돌입하였다. 농성 노동자들은 3톤짜리 지게차 32대에 10여 명씩 나눠 타고 1.5km 떨어진 제2공장까지 가두행진을 한 후 제2공장 내에서 농성을 벌인 뒤 제1공장으로 다시 돌아왔다. 노동자들은 지게차 10여 대로 회사 정문을 봉쇄한 후 본관건물 대형 유리창 10여 장과 사무실 출입문 2개를 부수며 본관 건물을 점거하고 농성투쟁을 계속하며 창원지역 노동자 투쟁에 활력을 불어넣었다.

사무직과 생산직의 벽을 넘은 코리아타코마 노동자

코리아타코마는 마산 수출자유지역 내에 몇 안 되는 남성 사업장으로 방위산업체였다. 민주노조를 결성하기 위한 소모임을 1년 정도 진행해 오던 이들이 중심이 되어

1987년 8월 9일 국술원 마산 본관에서 42명이 참석한 가운데 노동조합 창립총회를 했다. 이들은 그날 밤을 여인숙에서 보내고 오전 9시까지 시청 사회과 옆 화장실에 숨어 있다 9시 정각에 서류를 접수시켰다. 이어 중식시간을 이용하여 생산직 노동자들 600여 명이 참여한 가운데 제1차 보고대회를 개최하였다. 코리아타코마는 다양한 직종과 부서로 편제되어 있었다. 생산직 외에도 배를 설계하는 설계부 등 기술사무직도 있었다. 이들의 노동조합 결성 과정에서 가장 특징적인 것은 생산직은 물론이고 기술사무직의 대리급까지 노동조합을 함께하였다는 점이다. 사무직과 생산직 간의 위화감이나 부서 간에 이질적인 요소들이 있었으나 노동자 단결이라는 인식 속에 노동조합 결성부터 함께함으로써 신뢰 관계가 형성되었다. 강고한 단결로 단체협약 교섭 3일 만에 협상을 타결시켰다. 단체협약 타결 사항 중 제12조 '조합 간부의 활동시간 확보'를 보면 코리아타코마 노동조합이 이후 어떻게 마창지역의 핵심 사업장이자 마창노련의 중심 사업장으로 투쟁을 이끌어갈 수 있었는지를 알 수 있다.

마창지역 노동자대투쟁의 성과

마산과 창원지역이야말로 노동자대투쟁의 성과를 가장 온전하게 발전시켜 낸 지역일 것이다. 첫째, 마산 수출자유지역을 중심으로 한 여성 중심의 사업장들과 창원 기계공단을 중심으로 한 남성 중심의 사업장들이 노동자대투쟁을 거치면서 하나의 대오로 묶이게 되었다. 이후 마산과 창원이 아닌 '마창'으로 통칭되며 노동조합운동의 중심지로 부상하게 되었다. 둘째, ㈜통일의 투쟁을 통해 볼 수 있듯이 해고자들이 직접 투쟁 현장에 결합함으로써 현장 노동자들의 투쟁의지가 더욱 강화되었으며 구사대의 폭력을 자체 노동자들의 물리력으로 돌파해낸 것도 중요한 점이다. 셋째, 무엇보다도 마창지역 투쟁의 성과는 기업별 투쟁의 한계를 한꺼번에 넘어섰다는 점이다. 나아가 정부와 자본의 외부세력 공세에 대해 "노동자에게 내부도 외부도 없다. 오직 단결된 하나의 노동자가 있을 뿐이다"라는 주장은 노동자대투쟁을 통해 계급성을 표출하는 것이었고 이런 힘들이 마창노련으로 그리고 전

국조직인 전노협 건설의 힘으로 발전해 갈 수 있었던 것
이다.

거제 노동자대투쟁

1987년 초 대우조선 노동조합 결성 시도

1987년 1월 22일 대우조선 노동자들은 이미 군 입대 예정이던 노동자를 중심으로 노조 결성 투쟁을 전개하였다. 수차에 걸쳐 「상고문」이라는 유인물 수천 장이 대우조선 공장 안과 기숙사 등에 뿌려졌다. 유인물에서는 최저생계비에도 못 미치는 임금, 안전사고를 본인과실로 처리하는 부당함, 퇴직금 지연 지급 폭로와 각종 수당의 통상임금화 요구, 노동조합 결성을 호소하는 내용이 담겨 있었다.

이어 나온 유인물에는 국민연금 불법 운영, 노사협의회의 반노동자성, 사원아파트의 형평성 문제와 사원복지의 허구에 대한 비판, 기강 요원의 작업장 감시 강화에 대한 비판 등이 담겼다. 이 유인물들은 절망하고 있던 현장 노동자들에게 희망을 준 동시에 결단을 촉구하였다.

두 번째 유인물 「상고문2」가 뿌려지자 회사 측은 주동자 색출에 혈안이 되었고 구영명 등 20여 명을 부서이동시키고 계열사로 전보 발령을 냈다. 또한 최은석, 백순환 등 3명을 해고함에 따라 현장 노동자들은 해고 방지를 위해서라도 노동조합이 절실하다는 데 뜻을 모으고 4월 20

일부터 4차례에 걸쳐 노동조합 결성을 시도했다. 하지만 한국노총 금속노련이 회사 측에 정보를 제공하는 배신행위로 노동조합 결성은 실패하고 16명의 해고자와 관련 예상자들이 출장, 파견조치 되었다.

민주노조 결성을 요구하며 시내로 진출한
대우조선 노동자들

타오르는 분노를 잠시 누르고 있던 때 마산 창원의 투쟁 열풍이 진해만을 건너 거제도로 불어닥쳤다. 8월 8일, 인사조치된 중기공무관리부 이상용이 크레인 위에서 '민주노조 결성, 임금인상'을 외치자 순식간에 30여 명의 노동자들이 모여들었다. 이상용이 크레인에서 내려와 노동자들과 함께 공장 안을 돌자 지게차, 중장비 기사까지 합세하여 삽시간에 대오는 수천으로 불어났다. 지게차와 트레일러를 앞세우고 행렬은 사내 도로를 달려 종합운동장으로 집결해 결의를 다진 후 각종 차량을 앞세우고 옥포

시가지와 충무의 신아조선까지 진출하여 차량시위를 벌였다. 다음날도 500여 명의 노동자들이 국도를 점거했고 10일 새벽에는 경찰의 최루탄에 맞서 투석전을 벌여 20여 명이 부상당하기도 하였다.

그리고 마침내 8월 11일, 비상계획부 2층 사무실에 40여 명의 부서대표들이 참석한 가운데 노조 결성식을 갖고 양동생을 위원장으로 선출하였다.

8월 13일, 회사는 휴무를 결정했으나 노동자들은 계속 가두로 진출했다. 8월 20일, 5,000여 명의 노동자들이 연좌농성에 돌입한 가운데 6차례에 걸친 협상이 진행되어 노조 측이 14개항의 합의사항을 발표했다. 그러나 노동자들은 이 합의안을 전면 거부했다. 회사 측은 무기한 휴업을 단행하였고 노동자들은 김우중 화형식을 거행하며 끝까지 투쟁할 것을 결의하였다. 노조는 22개 부서별로 1,350명을 선정한 뒤 30대 버스에 나눠 타고, 서울 대우본사로 상경하기로 했다. 팽팽한 긴장감이 도는 가운데 각지에서 동원된 12개 중대 1,500여 명의 전경이 장승포에서 옥포 구간 도로를 차단한 채 집회가 끝난 후 행진하는 시위 대열에 무차별 최루탄을 난사했다. 최루탄에 아랑곳없이 옥포 사거리에서 시위가 계속되었다. 시민들도 노동자들 편에 섰다. 옥림아파트 주민들은 현수막으로 쓰라며 아기 기저귀와 입술 연지를 던져주었다.

정권의 좌경세력 척결 강경조치와 이석규 열사

8월 21일 치안본부는 전국 시도경찰국 대공과장 및 정보과장 연석회의를 열고 '좌경세력 척결을 위한 방안'을 시달하였고 '위장 취업자 및 노사분규 개입 외부세력 색출, 수배자 검거 촉진, 사회 각 분야의 좌경세력 척결' 등을 강력히 지시했다.

노동자들은 이런 조치에 아랑곳하지 않았다. 8월 22일, 꼬박 밤을 지새운 노동자 3천여 명은 단체교섭이 열리고 있는 옥포관광호텔 앞 사거리로 집결했다. 20여 명의 가족들도 회사 간부와 면담하겠다며 호텔 안으로 진입하여 로비를 점거하고 농성에 돌입했다. 교섭팀은 협상 결렬을 선언했다. 대열은 분노로 술렁이기 시작했고 "호텔로 들어가자!"며 담을 넘기 시작했고 경찰은 최루탄을 쏘아댔다. 잠시 주춤했다가 다시 호텔로 진입을 시작하자 경찰서장은 '평화적 시위를 보장하겠다'고 약속했다. 조합원들은 평화적 시위를 보여주기 위해 돌멩이를 모두 버리고 20열 종대를 갖추어 오리걸음으로 행진을 하였다. 그러나 바로 그 순간 경찰은 최루탄과 사과탄을 난사했고 호텔은 일순간에 아수라장이 되었다. 바로 이때 한 노동자가 가슴을 움켜쥐며 쓰러졌다. 스물한 살의 노동자 이석규는 아스팔트 위에 신발 한 짝을 남기고 병원으로 이송 중 숨을 거뒀다.

　노동자들은 "이석규를 살려내라. 병원으로 가자. 이제 임금인상은 필요 없다."며 대우병원 영안실로 모여들었다. '이석규 열사 사망 진상대책위원회'가 구성되었다. 8월 22일 국민운동본부를 중심으로 '장례준비위원회'를 발족하고 유족으로부터 장례에 관한 일체의 사항을 위임받아 이석규 열사를 '민주노동열사 이석규'로, 장례를 '국민장'으로, 장지를 광주 망월동 묘역으로 결정하였다. 그러나 장례 주체와 장례 형식은 숱한 우여곡절을 겪었다. 자본과 권력은 유족을 압박하고 회유했다. 이런 와중에 노조는 17개항을 합의 타결하였다. 대다수의 노동자들이 강력하게 반발하며 집행부를 성토하였다. "20일간의 투쟁을 기본급 5,000원 인상으로 바꿀 수 없다.", "장지는 결단코 남원행이 될 수 없다.", "이석규 열사의 억울한 죽음에 대한 해명과 사과 한마디 없다."며 노동자들의 분노는

더욱 커져 갔다. 결국 노조 집행부는 장례식 당일인 28일 장지를 광주 망월동으로 하겠다고 발표하였다.

8월 28일 영결식을 마치고 노제를 지낸 뒤 영구차는 광주 망월동 묘지로 향했다. 거제대교를 지나 고성 삼거리에 도착했을 때 15톤 트럭이 영구차와 버스를 분리했고 주변 야산에 잠복해 있던 2,500여 명의 전경과 백골단이 몰려나와 장례집행위원과 노동자들이 타고 있던 버스들을 급습해 연행, 하차시켰다. 그리고 유족 3명만을 태운 채 6대의 전경버스로 호위하여 시신을 탈취, 밤 9시경 남원의 선산에 매장했다. 그날 비가 억수로 쏟아졌다.

시신을 탈취당하고 항의하던 노동자들은 옥포로 돌아와 시신 탈취 상황을 알렸고 노동자, 가족, 주민 등 3,000여 명이 사내 운동장에 모여 경찰의 탈취극을 규탄하며 철야농성에 돌입했다. 이석규 열사의 장례식 직후 전국적으로 노동운동탄압이 몰아쳤다. 권력과 회사와 노조는 노동자들을 속였다. 대우조선 노동자들의 투쟁은 뜨거웠으나 끓어오르는 분노와 함께 극복해야 할 많은 과제를 남긴 채 투쟁의 막은 내려졌다.

대구 노동자대투쟁

대구지역 노동자대투쟁은 7월 초, 한일자동차 투쟁의 승리 후 경북대병원 간호사들의 노동조건 개선과 간호과장 퇴진 요구투쟁, 휴가비 지급을 요구하는 ㈜건화 노동자들의 농성투쟁, 대구지역 택시업체 노동자들의 임금재협상 요구투쟁으로 이어졌다. 8월에는 평화오일씰, 무림제지, 삼성광학 노동자들의 투쟁, 택시노동자들의 가두시위 등 점차 가열된 양상을 보였고 동산병원, 금복주, 무림제지, 오대금속, 현대금속, 성산염직, 성안염직, 범양식품, 삼성공업 등은 임금인상 투쟁과 노조결성 투쟁을 전개했다. 코오롱 경산 노동자들은 노조결성 후, 휴업에 맞서는 투쟁을 이어갔으며, 시외버스와 택시 노동자들의 투쟁이 이어졌다. 9월에 접어들면서 제화협회와 예천여객의 투쟁이 요구안을 쟁취하면서 노동자대투쟁은 수습 국면에 접어들었다.

대구에서 투쟁과정을 눈여겨볼 만한 사업장은 4개 사업장이다. 우선 대구·경북지역의 시장을 독점하고 있는 금복주는 1, 2, 3공장 500여 명의 노동자가 함께 싸웠으나 사측과 쉽게 타협함으로써 투쟁의 성과를 살리지 못한 아쉬움을 남겼다. 1, 2공장이 있지만 1공장 노동자만 투쟁했던 무림제지의 경우 치밀한 준비를 통해 두 차례 가두진출을 시도하는 등 일주일간 비타협적 투쟁을 전개하여 요구를 쟁취하였으나 투쟁이 끝난 후 지도부 구속 등 탄압을 견디지 못하고 노조가 어용화 되기도 했다. 자동차부품 업체인 오대금속은 3공단의 1공장과 이현의 2공장이 연대하여 가족과 함께 만평로 로타리 시위를 전개하는 등 강고한 힘으로 요구 조건을 관철시켰으나 이후 투쟁의 중심적 역할을 했던 여성 노동자들이 해고되면서 마무리되었다. 대구의 중견 섬유업체인 성안염직은 노조 설립신고까지 했으나 요구 조건을 들어주겠다는 회사의 회유로 신고된 서류를 철회했다. 작은 경제적 이익과 조직을 바꾼 사례이다.

　대구지역 노동자들의 투쟁은 8월 중순 이후 약 10여 일간 집중되었다. 대규모 사업장이 많지 않은 대구지역 투쟁의 과정에서 드러난 특징은 첫째, 임금인상, 상여금인상, 수당인상 요구에서도 보여지듯 경제적 이익 쟁취 투쟁이 다수였다. 또한 이러한 투쟁이 사전에 준비되거나 체계적으로 진행되지 못했고, 투쟁에 참가한 노동자들의 현장 요구에 따라 발생, 진행, 종결되는 형태가 대부분이었다. 이는 대구지역 단위 사업장의 작업환경, 임금이 결코 높은 수준이 아니었음에도 1970~1980년대에 전개됐던 민주노조의 일상적 투쟁에 대한 관심이 다른 지역에 비해 덜했던 사정을 반영한 것이다.

구미 노동자대투쟁

박정희의 야심작인 구미공단은 전자산업과 섬유산업 업체가 주를 이루고 있었다. 독점자본의 집결지로서 지역 내 노동자 가운데 대기업 노동자의 비중이 인근 대구보다 높았으나 노조 조직률은 낮아 대구와 별 차이가 없었다. 이러한 조건 속에서도 노동자대투쟁을 맞아서 전자업체를 중심으로 대략 20여 개 업체에서 쟁의가 발생했는데 이 투쟁은 독점대기업에서 중소기업으로, 남성 중심의 기계 및 운수업에서 출발하여 남녀 비율이 비슷한 전자로, 그리고 여성 중심의 섬유업종으로 확산되었다. 노조 조직률이 낮은 상태였기 때문에 조직결성과 어용노조의 민주화가 중심 요구로 등장했고, 조직 결성 시도와 성공률은 대구지역보다 높았다.

구미 전자공단의 투쟁은 금성전선 노동자들에 의해서 처음 터져 나왔다. 8월 11일 금성전선 노동자들이 기본급

인상, 상여금 실수령액 기준 지급, 퇴직금 누진제 실시, 가족수당 신설 등 12개항의 요구를 내걸고 농성에 돌입했다. 회사 측은 유급휴무를 공고했으나 야간근무조가 퇴근하지 않았고 다음날 출근한 노동자들이 합세하여 대규모 농성투쟁으로 확대되었다. 농성 노동자들은 부사장이 협상에 응하지 않자 회사 밖으로 진출하여 도로를 점거하고 농성을 벌이다 경찰의 최루탄에 밀려 공장으로 후퇴했다. 노동자들은 회사 안에서 농성을 벌이다 '현재 사장이 서독에 있으므로 사장 귀국 후 협상을 시작하자'는 회사 측의 설득을 받아들여 자진해산했다.

8월 12일, 금성사 구미공장 노동자들도 상여금 100% 인상, 가족수당, 장기근속수당 지급, 연장근무 단축 등 6개항을 요구하며 농성을 벌이다 회사 측이 '개별 공장 단위에서 해결할 수 없으며 그룹 차원에서 일괄 처리할 예정'이라며 '휴무기간 중 개선 내용을 노동자들에게 통보하겠다'고 설득하여 해산했다. 같은 날 오리온전기노조는 회사 측에 상여금 50% 인상, 회사주식 공평 분배, 식대개선 등 7개항을 요구하며 노사협의에 들어갔으나 조업은 정상적으로 이루어졌다. 대아리드선 노동자들은 봉급 20% 인상, 상여금의 실수령액 기준 지급 등 8개항을 요구하며 지게차로 정문에 바리케이드를 친 채 농성을 벌이다 임금 15% 인상, 가족수당 지급 등에 합의하고 농성을 풀었다.

이처럼 구미지역 투쟁은 대부분 경제적 요구를 중심으로 진행되었고 회사 측의 설득과 경제적 요구 수용으로 투쟁을 정리하는 방식으로 진행되었다.

포항 노동자대투쟁

이 지역은 포항제철을 중심으로 형성된 공단으로 포항제철의 철저한 노무관리 때문에 노동운동의 주체 형성이 어려운 조건이었다. 노동자대투쟁에서 포항제철 협력업체 중, 영남통신 노동자들이 투쟁을 전개했지만 포항제철이 하청을 중단함으로써 폐업에 이르고 말았다. 7월과 8월에 상대적으로 노동통제가 약하고 노동조건이 한층 열악했던 연관 업체를 중심으로 10여 개 업체에서 투쟁이 전개되었다. 강원산업, 부산파이프 포항공장, 현종, 흥화공업, 오리알, 고로시멘트, 조선내화, 한국전열, 동부제강, 동국산업 등에서 투쟁이 일어났다. 그러나 이러한 투쟁들 역시 포항제철의 물량 수주 중단 등으로 대부분 패배하고 말았으며 민주노조를 건설했던 곳도 대부분 어용화되고 말았다.

부산파이프 포항공장 노동자들의 투쟁 과정을 눈여겨

볼 필요가 있다. 8월 6일 야간 근무조 200여 명이 임금인상, 상여금, 인사고과제도 폐지, 수당 신설 등을 요구하며 작업을 중단하고 강당에 모여 농성을 시작했고 날이 밝아오자 정문으로 장소를 옮겨 파업투쟁을 이어나갔다. 회사 측은 노조와 조합원 간의 싸움이라고 선전했지만 농성자 수는 늘어났다. 이에 당황한 회사 측은 사용자 대표 11명과 노동자 대표 11명을 선정하여 요구사항을 협의하기로 했으나 회사 사장이 참석하지 않아 노동자 측은 협상을 거부했다. 이 와중에 전국금속노련 교섭부장 이기붕이 노조 간부들을 대상으로 '노동3권 노동쟁의 절차'를 교육하고 현재 투쟁방법이 불법이라는 점을 강조하면서 개입하기 시작했다. 그는 농성 노동자들에게 사장이 들어올 수 있도록 정문을 터 달라고 하였고 노동자들은 바리케이드 일부를 철거했다. 사장이 참석한 가운데 협상이 진행되어 인사고과제 폐지와 차별대우 금지, 정년퇴직 연장 등에 일부 합의를 했다. 하지만 노동자들은 노조가 한 합의에 불만을 품고 재협상과 어용노조 퇴진을 요구하며 농성을 계속했다. 결국 60여 일간의 투쟁 끝에 어

용집행부를 퇴진시키고 요구를 쟁취했다. 이 투쟁의 과
정에서 한국노총(금속노련) 간부가 "파업이 불법이라 잘
못"이라는 교육을 한 행태는 당시 노동자대투쟁에 대한
한국노총의 관점을 보여준 대표적 사례였다.

　포항지역은 이후 노동자대투쟁의 영향으로 1988년 들
어 조선내화, 제철설비 등 3사 투쟁을 계기로 19개 협력

업체 외 41개 업체에 노동조합이 결성되어 총 106개 사업
장의 56.6%에 노동조합이 설립되었다. 그리고 이를 중심
으로 '포항제철 협력업체 노동조합 연합'이 결성되어 포
항제철 자본에 대한 투쟁을 전개했다. 그 외 풍산금속,
강원산업 등에서 민주노조가 결성되어 철강업체 특유의
중앙통제식 노무관리에 맞서 민주노조 사수투쟁을 전개
하며 투쟁의 성과를 남겼다.

대전·충남 노동자대투쟁

대전·충남지역은 교통과 소비중심 도시로 전체 노동자 수는 12만 명, 이 중 제조업 노동자 수는 5만여 명 정도로 제조업 중심의 투쟁이 활발하던 시기에는 노동자 투쟁의 불모지에 가까웠다. 대전지역 제조업의 거의 절반이 섬유업체로 충남방적, 풍한방직, 금하방직 등과 중소규모 봉제공장이 산재해 있었고 기계금속과 화학 등을 포괄하는 대전공단은 소규모 사업체 90여 개, 1만 5,000여 명을 넘지 않는 작은 공단으로 경제적 파급효과도 그다지 크지 않았다. 그나마 대전피혁, 동성피혁을 중심으로 피혁업이 전국적인 영향력을 지니고 있었고 제지업도 전국 총생산의 20%를 차지하고 있었다.

대전지역 노동조건의 가장 커다란 문제는 저임금과 비인간적 대우를 꼽을 수 있다. 20년 경력의 일류 선반 기술자 하루 일당이 1만 원을 넘지 못했고 대부분의 섬유업계가 정부에서 정한 최저임금제조차 지키지 않아 노동부에 의해 고발당할 정도였다. 또한 섬유와 봉제업체 여성 노동자들이 받는 비인간적 대우는 심각했다. 따라서 대부분의 투쟁이 살인적인 저임금에도 불구하고 임금인상 요구보다 나이 어린 여성 노동자들에게 가하는 관리자들의 일상적인 폭행, 구타, 성폭행, 심지어 각성제 투여 등 비인간적인 노동조건을 문제 삼는 것에서 출발하였다.

전국적으로 진행된 노동자대투쟁은 8월 초부터 이 지역에 옮겨 붙기 시작해 8월 중순에는 대전공단을 중심으로 연이어 발생하기 시작했다. 8월 7일 동신전선에서 어용노조 간부가 동료 노동자를 폭행한 데 항의하는 농성이 벌어졌고 8일에는 마신산업에서 체불임금 지급을 요구하며 농성에 돌입했다. 이어 12일에는 우리나라 최대 방적업체였던 충남방적에서 4,500여 명이 참여하는 농성이 시작되었고 ㈜한우의 18명 무더기 해고에 맞선 복직투쟁이 대전·충남지역 노동자 투쟁을 이끌면서 연일 6~7건의 투쟁이 발생하는 등 8월 하순 들어 이 지역의 실질적인 노동자들의 대투쟁이 전개되었다.

(주)한우 제2공장 노동자들의 투쟁은 회사의 폐업 협박에 어용노조가 굴복함으로써 패배한 사례다. 노조가 회사 요구안을 수용하자마자 회사는 파업 주동자를 무더기 해고시켰고 이에 노동자들은 가족까지 합류한 투쟁을 전개하였지만 결국 패배한 것이다.

대전공단 내 동신전선에서도 어용노조 문제로 투쟁이 촉발되었다. 동료의 밀린 퇴직금 문제 해결을 위해 노동조합 사무실을 찾아가 호소한 여성 노동자의 요구를 노조가 묵살했을 뿐 아니라 회사가 해고시키겠다고 위협하고 이에 편승해 노조 간부가 항의하는 여성 노동자를 폭행함으로써 시작되었다. 노동자들은 산적한 문제를 어용노조에 의존해서는 해결할 수 없다고 판단하고 '노조 민주화 대책위원회'를 구성하고 '폭력 어용노조 퇴진'과 '최저 생계비 보장'을 요구하며 회사 식당에서 농성에 돌입하였다. 투쟁이 확산될 기미가 보이자 회사 측은 모든 노동자를 퇴근시켜 버렸다. 결국 대책위는 상여금과 임금인상에 합의하고 이후 투쟁을 이어갈 조직 단위로서 '노조 민주화 대책위'는 포기한 채 투쟁을 마무리하였다.

대전지역은 1987년 노동자대투쟁에서 노조민주화 투쟁이 과제로 부각되었다. 대규모 방직공장에 기존 노조가 조직되어 있었으나 노조는 회사의 앞잡이 역할을 수행했다. 하지만 대전·충남지역 노동운동의 역량은 취약했으며 이후 대전지역 조직 건설 실패에서 확인할 수 있듯이 노동자 연대가 조직적 성과로 결실을 맺지는 못했다. 이는 초기 민주노조운동을 견인했던 제조업 사업장들이 취약했던 점도 그 이유로 볼 수 있고 1987년 대투쟁 시기 연대투쟁이 미약했던 한계 때문이기도 하다.

충북 노동자대투쟁

1985년 이전 충북지역의 대표적인 투쟁으로는 1978년도 신흥제분 투쟁, 청주시청 미화원 임금체불 투쟁, 1980년대 일신광업 투쟁, 속리산고속 투쟁 등이 있었지만 대부분 개별화된 채 정리됐다. 1985년 하반기부터 서울 구로공단 못지않게 밀집된 도심권의 청주공단에 학생운동 출신의 노동운동 활동가들이 투신하여 목적의식적 활동을 전개했으나 이들이 노동자대투쟁 시기에 눈에 띄는 역할을 하지는 못했다. 그럼에도 6·29선언 직후부터 노조가 조직된 사업장에서 55건, 미조직 사업장에서 54건, 총 100여 건의 크고 작은 투쟁이 일어났다. 요구사항은 임금 및 수당, 노동조건 개선, 복지 개선, 부당노동행위 금지, 어용노조 퇴진, 민주노조 인정 등이었다.

충북지역에서 최초로 투쟁의 포문을 연 곳은 충주교통과 삼화시내버스 노동자들의 파업이었다. 금성계전 노동자들의 투쟁은 청주공단 노동자들의 투쟁 신호탄이 되어 7월 말 맥슨전자 투쟁으로 이어져 8월 중순 충북도내 전역으로 투쟁이 확대되었다.

7월 중순 단양 홍일광업소 등 도내 6개 광산에서 쟁의가 발생했고, 충주 (주)중앙프라스틱공업, 국제종합기계 옥천공장, 청주 1공단 한음파 노동자들과 보은 마로광업소 노동자 투쟁이 이어졌다. 그리고 청주 영진교통, 동양택시, 충주 한진택시, 괴산 원일교통 택시노동자들의 운행중단이 시작되었고, 청주공단 성진사, 삼영화학, 정식품 노동자들이 투쟁에 들어갔다. 한국도자기 1, 2공장, 한도통상 1, 2공장, 한국특수인쇄 계열사 노동자들의 노조결성 보장, 임금인상 연대투쟁, 옥천 서언실업 노동자들의 투쟁이 전개되었다.

8월 17~21일 사이에는 투쟁이 충북 전역으로 확대됨과 동시에 시위 형태가 격렬해져가는 모습을 보였다. 청주공단 삼익세라믹홈 노동자들이 '배가 고파 못 살겠다, 생존권을 보장하라, 민주노조 수호하자'는 구호와 함께 운동장과 식당에서 농성투쟁에 돌입한 것을 시작으로 하루 동안에 신흥기업 계열사와 롯데햄, 청주 동창판지, 청주 중원택시, 청원 미진산업, 음성 가미산업, 단양 백광석회, 진천 주원농산, 단양 충무교통 등 전역에서 투쟁이 일어났다. 이어 단양 택시 3사, 조광피혁, 남한흥산, 청주타올, 영태전자, 청주 낙원택시, 제천 아시아시멘트, 단양 삼보광업소 노동자들이 투쟁을 이어갔다. 조광피혁 노동자들은 가두시위를 하던 중 경찰의 최루탄 파편에 노동자 2명이 부상을 입어 병원에 입원하기도 했다. 청주공단 내 대기업인 금성사, 럭키, 대농 노동자들도 투쟁 대열에 합류하여 밤늦게까지 가두시위를 벌였고 이에 청주 시내 20개 택시회사의 노동자들이 연대파업을 벌였다.

8월 25일부터는 투쟁이 소강국면에 접어들었다. 9월에 청주 원프라자와 양지공업사, 청주 평화택시와 청주의료원 노동자들의 투쟁이 이어지고, 10월 서울병원 노동자들의 투쟁과 12월 청주 동양교통노조 조합원들의 부당해고 철회 투쟁을 끝으로 충북지역의 노동자대투쟁은 막을 내렸다.

충북지역에서 눈여겨볼 것은 노동자대투쟁에 대한 자

본의 발빠른 대응이다. 투쟁이 전국의 열풍을 타고 본격화될 조짐을 보이자, 청주공단 입주 업체들은 임금인상 조치와 복지시설 개선책을 미리 내놓았다. 한국도자기는 5천만 원을 들여 독서실과 기숙사를 신축하고 서클을 지원했으며, 대농은 15억 원을 들여 기숙사 건립에 착공했고, AMK도 8억여 원을 들여 기숙사를 포함한 복지관을 건립했다. 또 청주방적은 2억여 원을 들여 기숙사 증축과 식당을 확장했고 디스코장을 건립하기도 했다. 동양도자기는 2억여 원을 들여 후생복지관과 식당을 신축했고, 맥슨전자, 신흥기업, 대원모방 등은 사원주택 건립을 추진했다.

충북지역 노동운동은 1987년 노동자대투쟁의 조직적 성과를 지역조직으로 조직하는 데는 실패했지만 활동가들은 민주노조건설과 자본의 공세를 막기 위한 활동을 꾸준히 전개했다. 그 결과는 1989년이 되면서 한주전자를 비롯한 몇몇 사업장에서 노동조합의 민주성 연대성을 강화하는 것으로 열매 맺게 되었다.

인천 노동자대투쟁

광주민중항쟁 이후 사회변혁의 주체에 대한 문제의식을 갖고 학생운동 진영에서 노동운동에 대거 투신을 하는데 인천지역은 가장 많은 수의 학출 노동자가 위장취업한 곳이었다. 이미 엄혹한 탄압 속에서도 소규모 투쟁들이 이어져왔고 1985년의 대우자동차 노동자 투쟁과 1986년 인천 5·3항쟁을 경험했던 곳이다.

인천에서의 1987년 노동자대투쟁의 불길은 7월 11일 한독금속 노동조합 결성투쟁으로 시작하여 8월 6일 대우중공업 노동자들이 파업에 돌입하면서 확산되었다. 대우자동차 노동자 투쟁을 거치면서 부평지역 4공단으로 불길이 옮겨 붙었고 대한화학기계, 신광기업, 우아미가구, 삼익악기, 대우전자, 코리아스파이서, 한국종합기계, 후지카대원전기, 풍산금속, 태연물산, 인천조선 등이 투쟁에 돌입했다. 이는 다시 주안 5·6공단과 인천교 방면으로 퍼져 나가게 되는데 영창악기, 경동산업, 삼익가구, 대림통상, 신영전기(금성엘리베이터) 등이 투쟁에 들어간 것이다. 특히 영창악기와 경동산업 노동자들은 인천교와 경인고속도로를 점거하고 경찰과 치열하게 공방전을 벌여 주변 사업장들의 투쟁 열기는 물론 인천지역을 뜨겁게 달구었다.

남일금속 노동자들의 투쟁

인천지역 민주노조건설 투쟁은 남일금속 노동자들이 모범적이며 선도적이었다. 남일금속 노동자들은 7월 13일 민주노조결성을 선포하고 어용노조 해체와 해고자 복직을 요구하며 투쟁에 들어갔다. 그러자 어용노조 구사대가 분말소화기, 각목, 쇠파이프 등으로 노동자들을 폭행하여 7명의 노동자가 코뼈가 부러지는 등 부상을 당했다. 이러한 가공할 폭력사태는 7월 27일에 열린 인천지역 노동자들의 '노동기본권 쟁취대회'에서 폭행 사진과 함께 폭로되어 인천 노동자들의 연대투쟁을 이끌어냈다. 이날 장대비가 쏟아지는 가운데 폭행당했던 노동자들이 환자복을 입은 채 가족들과 함께 회사 정문에 집결해 회사의 야만적인 폭력을 직접 폭로하고 노동자들의 총력투쟁을 호소했고 이에 분노한 노동자들 150여 명이 농성에 가담함으로써 사장을 굴복시켰다. 회사 측은 폭행에 대한 사과와 위원장 직선제 선출, 9월 해고자 복직 등을 약속했다.

한편 이날 외부에서 투쟁에 동참했던 노동자 30여 명 중 3명이 부평경찰서에 연행되었으나 100여 명의 노동자와 가족들이 부평경찰서 정문에서 새벽 2시까지 불법연행에 항의하는 투쟁을 계속하여 모두 석방시켰다. 투쟁의 기세를 모아 해고자와 부상자들이 '복직 없이 선거 없다'며 농성을 계속해 35일만에 해고자 5명을 전원 복직시키고 민주노조 선거를 치렀다.

대우중공업 4개 지역 공장 노동자 연대투쟁

노동자대투쟁 열풍이 부는 가운데 회사 측이 사무직 노동자들의 임금은 5.35% 재인상하면서 생산직 노동자들의 임금은 동결시킨 데 대한 불만이 터져나왔고, 이는 7월 26일 '대우중공업 원직복직 추진위원회' 결성으로 모아졌다. 이 조직을 중심으로 8월 4일에 시작된 대우중공업 창원공장의 파업은 창원, 인천, 영등포, 부곡 등 4개 공장 전체의 연대파업으로 확산되었고, 인천 대우중공업 노동자들의 투쟁은 인천 전역으로 투쟁 열기를 확산시켰다.

8월 4일 창원공장 노동자들이 집행부의 타협적인 자세를 거부하고 파업에 돌입하자, 인천공장 집행부에서는 '임금 2만 원 인상' 등 3개항의 요구를 내걸고 8월 6일 협상에 들어가지만 결렬된다. 이에 2,000여 명의 노동자들은 '요구 조건 관철을 위해 끝까지 싸워나갈 것'을 결의하였고, 8일에는 각 부서별로 공청회를 열어 투쟁 방향을 결정한 다음 정문을 봉쇄해 외부인의 출입을 통제하고, 머리띠와 완장을 두른 규찰대 100여 명을 보강하여 질서 있게 투쟁을 전개했다. 하지만 8월 12일, 현장 노동자들의 요구와 분노가 폭발 직전임에도 불구하고 집행부는 10개 항에 도장을 찍음으로써 투쟁은 급격히 와해되고 말았다.

대우자동차 노동자들의 투쟁

대우자동차는 1985년 임금인상 투쟁 이후 계속된 노동조합 와해공작에 의해 노동조합의 역할이 줄어들고 회사 측의 노동 강도는 한층 강화되었다. 기존 공장에서는 노동자 한 명이 한 시간당 평균 13대를 생산했는데 1986년 준공된 신공장에서는 30대나 생산하는 살인적인 노동강도였다. 그런데도 노동조합은 회사의 노무부서 역할을 벗어나지 못했다. 노동자들은 어용노조를 민주노조로 바꾸기 위해 '대우자동차 민주노조쟁취위원회'를 만들어 투쟁을 준비했다.

8월 10일, 대우자동차 민주노조쟁취위원회는 로얄 차체부를 시작으로 각 공장을 순회하기 시작했고 이 대오는 순식간에 4,000여 명으로 불어났다. 대우자동차의 파업 농성 소식이 알려지자 길을 지나던 여성 노동자, 택시 기사, 인근 노동자들이 빵과 음료수를 보내 왔고 퇴근했던 노동자들도 되돌아와 투쟁에 합류했다. 회사 측은 휴업을 연장하고 임금 지급일을 이용해 농성대열의 이탈을 유도하였으나 노동자들은 동요하지 않고 투쟁을 이어갔다.

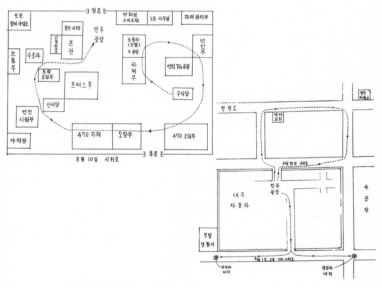

대우자동차노조 8월 투쟁 흐름도

8월 말 들어 회사는 농성지도부 납치까지 해가며 탄압을 가했다. 그럼에도 노동자들이 기술센터 본관을 장악하여 파업농성을 계속하자 노조 집행부는 '선 노사협의, 후 민주노조 결성'이라는 응급처방을 내고 조합원 총회를 개최하자고 제의했다. 그러나 조합원 총회에 총회소집을 공고한 이는 나타나지 않았고 사측은 농성지도부의 대표성을 문제삼아 협상을 거부했다. 노동자들은 지게차를 앞세우고 청천동까지 가두시위를 벌였으며 인천 간석동 연좌시위를 벌이기도 했다. 가두시위 중 경찰의 최루탄 난사로 한 노동자가 눈에 중상을 입었다. 노모의 울부짖음에 극도로 흥분한 노동자들이 본관 사무실로 찾아가 사장과 임원들에게 항의하며 부상자 치료와 전체 노동자 앞에서 협상을 진행할 것을 요구했다. 노동자들이 지켜보고 있는 가운데 정문 앞 아스팔트 바닥에서 협상이 시작되었다. 이 협상에서 연행된 35명의 석방, 노동자 비상총회 개최, 회사 측에서 부상자 치료를 책임지기로 하였다.

회사와 협상의 물꼬를 텄다고 안도한 노동자들은 총회 준비, 피로회복 등을 위해 흩어지고 150여 명만 철야농성장에 남았다. 투쟁대오가 흩어진 틈을 타 김우중 회장이 김효은 인천 시경국장을 방문해 공권력 투입을 정식으로 요청해 놓고 있었음을 노동자들은 미처 알지 못했다.

9월 4일, 인천시경은 2,500여 명의 경찰 병력과 매트리스 등 진압 장비를 동원해 작전 준비를 마치고 새벽을 기해 치안본부 소속 특공대를 앞세워 농성장을 침탈했다. 3명의 노동자가 중상을 입었으며 나머지 농성자는 잠결에 저항도 못하고 연행되었다. 다음날 출근한 노동자들과 연행자 가족들이 정문 돌파를 시도했지만 경찰에 의해 강제 해산되었고, 6일부터는 경찰의 삼엄한 현장 감시 속에서 강제노동이 진행되었다. 현장에 카빈소총을 든 경찰 병력이 배치되고 각목부대가 대기하고 있었다. 이에 대해 5급 사무직 노동자들이 구속노동자 석방과 총회일인 24일 이전까지 경찰 병력을 완전 철수할 것을 요청했다. 9월 24일 위원장 직선제 안이 통과되고 10월 16일 총선거를 통해 원용복 후보가 당선되어 10월 31일 새 집행부와 회사 측의 단체협약이 체결됨으로써 투쟁은 일단락되었다. 대우자동차 투쟁의 치열함에 견주어봤을 때 아쉬움이 있지만 조합원들의 투쟁은 지역의 투쟁 분위기를 고조시키고 민주노조를 세운 힘이 되었다.

경인고속도로를 점거하고 싸운 경동산업 노동자들의 투쟁

'키친아트'라는 상표로 잘 알려진 주방용품을 생산하는 경동산업은 갖은 폭력, 무더기 해고 등 모든 방법을 다 동원해 노동자를 탄압한 소문난 '악질 폭력기업'이었다. 회사 측은 파업이 시작된다는 소문이 나돌자 재빨리 휴업 공고를 내붙였지만, 오히려 노동자들의 분노만 폭발시켰다. 150여 명의 노동자가 '어용노조 퇴진, 민주노조 쟁취, 임금인상' 등을 요구하며 정문 앞에서 농성을 시작했고 이어 야간 근무조와 합세해 공장 문을 돌파하고 공장 안에서 장기농성 체제로 돌입했다. 이들은 산업재해 전국 1위 기업인 경동산업에서 희생된 노동자들을 위해 '산재자위령제'를 지내고 결의를 다졌다.

8월 18일에는 기계공단 앞에서 가두시위를 하던 영창

악기 노동자들과 함께 인천교에서 동부제강까지 가두시위를 전개하였다. 또한 어용노조 집행부에 대한 불신임안을 총회에서 만장일치로 통과시키고, 관리자들을 몰아낸 후 각 공장별로 대표부를 구성하는 등 내부 질서와 조직을 정비했다.

8월 19일, 회사 측이 돌과 각목으로 무장한 구사대 100여 명을 공장 안으로 진입시킴으로써 격렬한 싸움이 벌어져 갈비뼈와 이가 나가고 얼굴을 서른 바늘이나 꿰매고 뇌수술을 받는 등의 부상자들이 속출함에 따라 노동자들의 분노는 극에 달했다.

8월 20일, 노동자들은 빗속에서 경인국도로 진출해 국도를 점거하고 가두시위를 전개하다 경찰과 정면충돌했다. 탄압 속에서도 노래자랑, 냄비 두드리기, 시민홍보, 부서별 토론회 등 다양한 프로그램을 활용하여 투쟁력을 더욱 다져나갔다. 단결이 더욱 견고해지자 결국 회사는 교섭에 응하여 8월 30일 노동자의 요구를 전폭 수용했다.

구사대 폭력에 맞서 싸운 신흥목재 노동자들

신흥목재는 당시 임금이 초임(일급) 남자 4,200원, 여자 4,000원, 보너스 연 160~200%, 휴가는 모두 무급 처리하는 전형적인 노동착취 기업이었다. 7월 11일 어용노조 지부장 명의로 '8월 여름휴가가 무급으로 처리되고 휴가비도 50%로 결정되었다'는 공고가 나붙자 남성 노동자 35명이 노조 사무실로 찾아가 항의하고 하기 휴가비를 100% 지급할 것을 요구했다. 노조와 회사가 이러한 항의를 받아들이지 않자 이들 '항의대'를 중심으로 회사의 무성의와 노조의 어용성을 규탄하는 집회를 열고 농성투쟁에 돌입했다. 그러자 기다렸다는 듯이 회사 관리자 30여명이 무차별적인 폭행을 가해 한 노동자가 중상을 입고 병원에 입원하기도 했다. 분노한 200여 명의 노동자들이 식당을 계속 점거하고 평조합원 대표를 선출해 회사 측과 협상을 시도했다. 그러나 회사 측은 교섭에 응하지 않고 휴업을 결정하고 공장 문을 잠갔다. 새벽에 술취한 관리자 50여 명이 각목을 들고 몰려와 농성장에 돌과 벽돌을

집어던지고 유리창을 부수며 공포 분위기를 조성했고 지게차, 포크레인, 소방차를 몰고 다니며 농성자들을 해산시키려고 덤벼들었다. 하지만 출근 시간이 다가오자 농성자는 150명 넘게 불어났고 저항은 거세지기만 했다. 회사 측은 결국 노동자들의 요구를 받아들였다. 신흥목재 노동자들은 회사 측의 무자비한 폭력과 구사대의 난동 속에서도 꿋꿋하게 투쟁을 승리로 이끌어 냈다.

인천지역 사업장에서는 어용노조의 방관 혹은 협조 아래 자본과 권력으로부터 살인적인 탄압이 가해졌다. 노동자들은 이에 굴하지 않고 다양한 파업 프로그램을 운용해 단결과 투쟁력을 고조시켰다. 노동자들의 요구가 수렴되지 않았을 때, 회사 내 투쟁에 머무르지 않고 과감하게 가두로 진출하여 공권력과 맞섰다. 또한 연대투쟁을 통해 단결력을 높인 사례, 임금이나 근로조건 개선 요구가 수렴되었음에도 불구하고 '복직 없이 선거 없다'는 구호 아래 농성 투쟁을 지속해 해고 노동자를 복직시킨 사례 등은 높이 평가되어야 한다.

부천 노동자대투쟁

부천지역은 1980년 광주민중항쟁 이후 많은 학생운동가
들이 공장으로 취업한 지역으로 활동가들 간의 교류가 잘
되어 왔고 지역 사안에 대한 공동대응의 경험이 풍부한
지역이었다. 부천은 대규모 공장이 거의 없고 임대 공장
의 비율이 높은 영세기업 밀집 지역이었다.

  부천지역에서는 8월 한 달에 걸쳐 43개 사업장의 노동
자들이 투쟁을 전개했다. 투쟁의 유형은 대부분 전면 파
업농성이었고, 계선산업 노동자들의 경우에는 부천역 광
장시위로 나아갔으며, 대흥기계 노동자들은 가두시위
를 했고 경원세기 노동자들은 고속도로를 점거하기도 했
다. 가장 먼저 일어난 파업은 7월 27일 우성밀러의 투쟁
이었으며 8월 11일 경원세기와 원방이 뒤를 이었다. 다음
날부터 동양에레베이터, 화창, 미창, 제영, 남성제화, 대
흥, 영창, 한국스파이서, 대평, 시대전기, 새서울, 연합전

선, 우진전자, 삼령정밀, 엘리건스, 신한일전기 등 약 30
여 개의 사업장에서 파업이 활화산처럼 터져나왔고 65개
에 이르는 신규노조가 결성되었다.

자본과 정권은 9월 들어 핵심 노조원 중 대학생 출신
노동자들을 사문서 위조 등의 혐의로 구속하였으며 폭
력, 회유, 협박을 노골화했다. 탄압에 공동 대처하자는
공감대가 신규 노조들 사이에서 확산되었으나 한국노총
부천시협의회는 성명서 한 장 내는 것조차 여러 이유를
들어 끝내 기피하였다. 신규 노조들은 한국노총을 불신
하고 서로 간의 정보교환을 하면서 '조직 없는 연대'를 모
색하게 되었다.

학출 노동자 분리 축출을 막아내지 못한 우성밀러 투쟁

우성밀러의 노동조건과 처우는 참담했다. 3년간 단 한 푼
의 상여금도 지급되지 않았고, 개들도 먹지 않을 것이라
는 식당 밥은 농성투쟁 직전에 식중독을 일으키기까지 했

으며, 탈의실은 남녀 구분조차 되어 있지 않았다. 그런데도 1987년 초 기숙사로 제공한 월세방의 방세 지불을 회사 측이 거부함으로써 집단 항의가 일어난 것 외에는 투쟁이 일어나지 않았던 곳이다.

1987년 5월 대학생 출신 노동자가 프레스반 반장직을 맡게 되면서 그를 중심으로 4명의 소모임이 만들어져 유인물 배포 등이 이루어졌다. 그러던 중 7월 8일, 전자과와 금형반 주임의 제안으로 주임 11명 전원이 연간 상여금 200% 지급 건의서를 작성해 서명했고, 이에 일반 노동자들도 참여하면서 농성이 시작되었다. 서명 노동자들은 회사 측으로부터 아무런 답변이 없자 비교적 장기 근속자에 속하는 6개월 이상, 25세 이상의 노동자 중 부서별 대표자 5명을 선정하고 농성 준비에 들어갔다. 머리띠와 대자보, 노가바, 식료, 식기 등 파업농성에 필요한 물품을 갖추고 지도부, 규율부, 오락부, 연락부 등 농성체계를 구축했다. 7월 27일 27명이 전자과를 점거하고 회사 측에 식사 질 개선과 상여금 200% 지급을 요구하자, 회사 측은 1년 이상 근무자에 한해 200%를 지급하겠다는 회답을 했으나 총회에서 이를 거부하고 농성을 계속했다. 이날 연락부를 통해 김밥과 각종 지원 물품, 지역 노동자들의 지지 유인물이 쏟아져 들어왔다. 29일에는 공장에 남아있던 관리자 4명을 모두 쫓아내고 공장을 완전 점거한 후 옥상과 담 위에서 농성을 계속하였고, 지역 노동자 20~30여 명이 지원투쟁을 오자, 지게차를 앞세우고 스크럼을 짜 공장주변을 돌며 함께 토론도 벌였다. 31일 사장에게 요구 조건을 즉각 수락하지 않을 경우 미결재 어음과 기계, 금형 및 주요 부품을 파괴하겠다는 최후 통보를 하자 사장이 이에 굴복하여 요구 조건을 모두 수락하고, 이튿날 바로 상여금을 지급받음으로써 투쟁을 마무리 지었다. 투쟁의 성과를 바탕으로 8월 10일에는 30여 명이 참가한 가운데 노동조합 결성식을 갖고 준비위원 대부분이 노조 간부를 맡았다.

그러나 이러한 우성노동자들의 승리는 순식간에 파괴당하고 말았다. 8월 26일 단체협약 협상 기간 동안 이유없이 협약을 지연하던 회사 측은 이날 밤 철야작업을 하던 노동자 전원에게 술을 먹여 취하게 한 후 그 사이 금형과 완제품, 주요 기계부품을 빼돌렸다. 27일에는 '정전으로 하루 휴무' 공고를 붙이고 출근하던 학생 출신 금형반장을 납치하여 구속시켰다. 노동자들은 전면파업에 돌입했다. 그러나 8월 31일 반장들을 중심으로 구성된 구사대가 조합원들을 모아놓고 구사 결의를 하며 출근하려는 노조 간부들을 협박 반, 애원 반으로 "리스트에 오른 8명이 있는 한 사장이 공장을 돌리지 않겠다고 한다"며 농성투쟁을 주도한 8명의 사직을 강요했고, 결국 9월 1일 위원장을 제외한 1명만 남고 선진 노동자 모두가 사직함으로써 투쟁은 막을 내리게 되었다.

알찬 파업 프로그램으로 단결력을 높인 대흥기계 노동자 투쟁

1987년 당시 부천 대흥기계는 생산직 노동자만 315명 정도로 부천지역에서는 상대적으로 대규모 사업장이었다. 대흥기계에서는 7월 중순부터 노조를 결성하려는 움직임이 나타났고, 부평공장 쪽의 노조를 추진하는 모임과 연

락이 닿자, '통합노조결성준비'가 본격화되었다.

8월 13일 부평의 한 다방을 빌려 부평공장 노동자 50명과 부천공장 50명 등 100명이 노조를 결성하고 17일을 노조결성 보고대회 및 파업돌입 일로 결정했다. 이를 눈치 챈 회사는 휴무로 맞섰으나 일부 출근한 노동자들이 정문 앞에 모여 있는 가운데 한 노동자가 "배고파서 못살겠다. 일당 2,000원 인상하라!"고 외치자 대오는 순식간에 140여 명으로 불어났다. 이때 부위원장이 나타나 노조가 결성된 사실을 알리자 노동자들이 환호하며 휴무공고를 찢어내고 공장안으로 진입하여 식당에서 농성에 돌입하였다. 이들은 노조결성 보고대회를 갖고, 노조 가입원서를 배부한 후 15명당 1인씩 임시 대의원을 선출했다. 이어 사무실을 점거하고 하수도관과 지게차를 동원하여 공장 진입골목에 바리케이드를 치고 철망까지 동원해 침탈에 대비했다.

대흥기계 농성은 14일간 진행되었는데 그 진행 과정을 눈여겨 볼 필요가 있다. 파업 중 '노동자란 무엇인가?', '노동자의 생활과 노조의 필요성', '월급과 최저생계비', 산업재해, 노동법 등을 주제로 교육을 계속하고 분반토론을 했다. 각 과별로 농성 시간표를 작성하고 낮잠 금지 등 파업농성 규율을 엄격히 지켜나갔다. 농성 기간 동안 공장 안에만 머무는 것이 아니라 파업농성을 벌이고 있는 경원기계 앞, 연합전선 앞 등으로 구호를 외치며 연대하였고 신광전자가 파업에 돌입하자 지원투쟁을 전개했다. 협상이 결렬된 날에는 횃불을 들고 가두시위를 벌이기도 했다. 지역 노동자들이 합류해 농성대오가 늘어나기도 했고 회사 측의 방해공작으로부터 출근자를 보호하기 위해 '특수기동대'를 조직하여 통근버스 정류장에 배치하기도 했다. 투쟁소식지 「대흥인의 소리」를 연이어 발간하였고 밤마다 옥상에서 촛불축제, 촌극대회, '노동자의 밤'이나 '민주노조 쟁취' 불글씨를 밝히며 다양한 문화 프로그램을 진행했다. 이석규 열사 추모제를 공장 앞 큰길에서 진행하였고 경원기계, 새서울산업과 함께 세 개 사업장이 공동연대 성명서를 발표하였다. 파업이 장기화됨에 따라 청계천 서울영업소 점거계획을 수립하여 45명을 선발, '태풍단결투쟁호'로 이름 짓고 부평공장 45명과 함께 서울영업소를 점거하고 시민들에게 유인물을 배포하기도 했다.

8월 28일 집행부는 협상에 타결했지만 농성자들의 반대에 부딪혀 결국 재표결을 거쳐 협상안을 받아들임으로써 투쟁이 종결되었다.

대흥기계의 투쟁은 △다양한 문화 프로그램을 통해 노동문화를 이해하고 △파업에 조합원 다수가 참여했고, 토론을 통해 자신감과 자기 표현을 강화하였으며 △파업

기간 내내 교육을 전개했다는 점에서 의미가 있다. 이들은 파업 이후 지역에서 가장 먼저 문화팀을 만들어 동양에레베이터 현판식 때 문화공연을 하는 등 폭넓은 활동을 벌였다. △특히 가두 투쟁을 통한 연대, 경원기계 구사대 진압에 대비한 연대투쟁의 준비, 3개 사업장 공동성명서 등 실천적인 연대 활동도 돋보이는 것이었다. 대흥 노동자들은 부천지역 민주노조운동의 발전에 커다란 성과를 남겼다. 다만, 현장 조합원들이 결정한 가두투쟁 전술에 대해 집행부가 축소를 요구하는 등 간극이 왜 생겼는지는 생각해볼 문제다.

횃불 가두시위를 일상화한 동양에레베이터노조 투쟁

동양에레베이터는 총 노동자 수 1,040명 중 생산직이 600여 명인 부천지역에 자리한 대공장 사업장이다. 1987년 5월 기계반과 제관반에서 각각 5명씩의 친목회가 만들어져 모임이 진행되고 있었는데 이들이 현장투쟁과 결합하여 노조결성에서 파업에 이르기까지 주도적인 활동을 전개해 나갔다.

회사 측은 사장이 세운 '원종문화재단'에서 『월간 에세이』라는 잡지를 발간했는데, 이 책을 6월부터 노동자들에게 강제로 판매하여 월급에서 2,500원씩 공제하기 시작했다. 7월 월급에서도 일방적으로 공제되자 약 30여 명이 모여 사무실에 항의하고 책을 반납한 일이 있었다. 여기에 회사가 하기휴가를 주되 연차휴가에서 공제한다고 하자 노동자들의 불만이 표면화되었다. 이에 친목회원 10여 명이 모여 노동조합을 결성하기로 하고 7월 말 인원을 늘려 '노조결성 준비위원회'를 구성하였고 8월 11일 한국노총 부천시협의회에 모인 66명이 노동조합을 결성했다.

다음날 전체 노동자들을 모아 노조결성 사실을 설명하고 파업을 선언하였다. 경쟁적으로 노조에 가입해 조합원은 순식간에 280여 명으로 늘어났고 이어 사무직 직원들도 여성들을 중심으로 70여 명이 사무실에서 농성을 시작하였다. 회사 측에서 부식 공급을 중단하고 전화선을 끊자 노동자들은 관리직들을 회사 밖으로 내보내고 '자경

단'을 조직했다. 이어 밤에는 횃불을 들고 공장 마당을 돌다가 가두로 진출, 주변 공장을 돌면서 정문 앞마다 멈춰 구호를 외치며 국도까지 행진을 전개했다. 횃불시위와 가두진출은 이후 동양에레베이터 투쟁의 상징으로 자리 잡았다. 매일 횃불시위와 가두진출을 전개함으로써 내부 사기진작과 외부에 대한 선전효과 및 타 사업장 지원과 연대에 크게 기여했다.

한편 회사 측이 '폐업하겠다, 회사를 매각하겠다'는 등 협박과 탄압을 해 농성 인원은 점점 줄어 100여 명이 되었지만 오히려 이들은 구사대의 습격에 대비해 투쟁결사대를 조직하고 공장 정문 앞에 신나와 산소통을 모아 놓고 철야경비에 돌입하며 완강한 모습을 보였다. 회사 측은 노동자들이 설계도면 등 중요 서류를 폐기할 것을 우려하여 구사대 투입을 중지했으며 이어 협상은 급진전되었다. 이로써 11박 12일의 투쟁은 '상여금 1년 이상은 400%, 하기 유급휴가 3일, 복지시설 개선, 4대절 유급' 등에 합의하며 마무리되었다. 동양에레베이터노조는 이후 8월 28일부터 시작된 옆 공장 신한일전기의 농성투쟁에 정문 앞에서 구호를 외치는 지지를 보내며 대흥과 더불어 민주노조운동의 지역 구심으로 떠올랐다.

성남 노동자대투쟁

광주대단지로 출발한 성남지역은 토지 공급 특혜, 값싼 노동력 등으로 공업단지를 조성하는 데 있어서 유리한 조건을 지니고 있었다. 성남 공업단지는 노동집약적이며 경공업 중심의 소비재 생산을 하는 중소 업체가 대부분이었기에 여성 노동자의 비율이 타 지역에 비해 상대적으로 높았고 주거지역 내에도 상당수의 영세 제조업체가 분포되어 있었다.

지역 내 대규모 사업장으로는 동양정밀, 샤니, 콘티, 에스콰이어, 대한교과서, 삼영전자, 오리엔트 등을 들 수 있다. 이들 업체는 대부분 어용노조가 설립되어 노동자들의 민주적 요구가 완전히 차단되고 있었다. 그러나 성남지역은 1987년 노동자대투쟁 이전에도 복직 투쟁, 임금 체불에 따른 투쟁 등이 간간이 전개된 적이 있었다. 특히 1984~1985년에 걸쳐 대영타이어, 라이프제화, 협진화

섬의 경우는 투쟁을 통해 노동조합을 건설하고 또 사수해 냄으로써 여타 지역보다 많은 경험을 축적하고 있었다.

성남지역 노동자들은 6월항쟁에도 적극적으로 참여했고 이러한 여세를 모아 현장 내부의 민주화로 확장시키기 위해 노력하였다. 그런 가운데 전두환 정권의 기만적인 6·29선언이 발표되는 날 성남지역 26개 택시회사 노동자 200여 명이 임금인상과 완전월급제를 주장하며 가두시위에 돌입하였다. 이 중 노조가 있었던 11개 업체는 '1987년 임금협정 공동교섭'으로 6월 30일 타결되었지만, 노조가 없는 나머지 15개 업체는 임금협상 타결이 되지 못했고 불씨를 남겨둔 채 종결되었다. 비록 짧은 기간이었지만 6월항쟁과 같이 노동자들이 자신의 요구를 내걸고 가두투쟁을 전개한 것은 상당한 의미가 있다.

7월 초 동양특수기공(주)에서 노조결성 시도가 있었으나 회사 측의 저지로 실패하였고 성아운수에서는 설립신고서를 관할 시청에 접수했지만, 바로 직전에 회사가 만든 노조설립 신고서가 접수되었다는 이유로 접수가 거부되었다. 그러자 노동자들은 차량 총 36대 중 26대를 세우고 농성투쟁에 돌입했고 다음날 성남시청에서 양쪽의 신고서를 모두 접수하는 일이 벌어지기도 했다. 이러한 투쟁이 제조업 노동자들에게로 옮겨 붙었다. 서우산업 노동자들은 '서우 근로조건 개선위원회'를 결성하고, 전면파업에 돌입했으며 투쟁 이후 노동조합을 결성했는데 이는 성남지역의 일반적 경로로 정착되었다.

투쟁은 서우산업에 이어 동화통상, 영진산업으로 이어져 "전체노동자가 참여하는 대중투쟁으로, 공장 내 파업에서 도로점거 시위로, 상여금 요구에서 임금인상 요구투쟁"으로 발전해 갔다. 이어 8월 중순에는 ㈜보원 노동자들이 파업농성에 돌입하면서 성남지역 노동자 투쟁은 점차 확산되어 하루 2~5건의 투쟁이 발생했다. 특히 8월 14일 에이스침대 및 리오가구의 노동자 파업이 13일간 지속되었고, 8월 17일 오리엔트 노동자들의 투쟁은 성남지역 노동자 투쟁을 선도하는 쌍두마차 역할을 하게 되었다.

성남지역 노동자대투쟁의 특징은 △ 과거에 투쟁 경험이 없었던 사업장에서 주로 발생했다. 1980년 이후 투쟁이 있었던 사업장인 협진화섬, 콘티 등의 경우 잠잠하거나, 라이프제화나 에스콰이어의 경우 대중투쟁으로 발전하지 못했던 반면, 현장 투쟁 사례가 없었던 사업장들의 투쟁이 폭넓게 확산되었다. △ 200~300명 규모의 중소기업이 투쟁의 주류를 형성했다. 오리엔트를 제외한 대부분의 대기업에는 투쟁이 없었고 동양정밀, 에스콰이어, 대한교과서 등은 투쟁에서 노동자 조직화에 실패하기도 했다. △ 영진산업, ㈜보원, 봉명산업, 일동제관, 일성기계 등 금속 업종 사업장에서 조직적이고 지속적이며 전투적인 싸움이 진행되었다. △ 투쟁을 통해 민주노조가 결성된 사업장은 서우, 영진산업, 동화통상, 보원, 일동제관, 에이스, 리오, 오리엔트, 안건사, 라이프제화, 월드아트, 반포산업, 봉명산업 등 12개 업체에 달해 지속적이고 강고한 투쟁을 펼친 사업장들이 노동조합을 결성하고 사수하는 데 성공한 것으로 나타났다.

폭넓은 시야를 가지고 투쟁한 에이스침대와 리오가구 노동자

에이스침대와 리오가구는 성남 상대원공단에 위치해 있는 사업장으로 각각 500여 명과 300여 명의 노동자가 있던 사업장으로 비교적 대규모였다. 이들은 단위 사업장을 넘어 폭넓은 시야를 가지고 조직적이고 강고한 공동 투쟁을 전개했다. 8월 14일 '임금인상 2,600원, 상여금 600% 지급, 위생수당 3만원 지급' 등 16개항을 요구하며 노동자 500여 명이 함께 농성에 돌입하였다. 노동자들은 투쟁 대표를 선출하여 '에이스, 리오 임금인상 투쟁위원회'를 구성하였고, 15일에는 '민족해방 기념식'을 진행했으며, 18일 파업을 깨기 위해 담장을 넘어 공격해 오던 경찰들을 자력으로 격퇴시키며 매우 탄탄한 조직력과 단결력, 투쟁력을 키워 나갔다. 특히 현장을 완전히 장악하고 정문 출입을 통제하는 등 이전 투쟁에서는 볼 수 없었던 철저한 파업규율과 전투성을 보여 주었다.

한편 이들은 사업장 내에서의 농성투쟁 외에 매일 '임금인상 쟁취하여 인간답게 살아보자, 노예노동 철폐하고 인간답게 살아보자'라는 구호를 외치며 가두시위를 벌여 투쟁의 불길을 지역 전체로 확대해 갔다. 당시 투쟁하던 샤니, 오리엔트, 보원 노동자들의 투쟁에 대한 지지 성명서와 연대투쟁을 실천했던 것이다. 또 가두시위를 할 때 전경과 대치하게 되자 노동자들은 "자신의 몸과 전경의 발에 신나를 퍼붓고 결연히 전진함"으로써 경찰 병력의 저지를 뚫기도 했다.

한번은 농성이 장기화되던 가운데 세 명의 노동자가 칼에 찔려 입원을 하는 사건도 발생했다. 구사대가 외부에서 어용노조 결성을 시도한다는 사실을 알고 항의하다가 벌어진 일이었다. 이에 분노한 노동자들이 지게차를 몰고 대원 파출소로 진격하여 전경과 대치하다 몇 명이 연행되었다. 하지만 노동자들은 끝까지 물러서지 않고 파출소 주변에 신나통을 설치하고 수비대를 결성하며 석방 요구 투쟁을 전개하여 연행 노동자 전원이 풀려났다. 이들은 이런 여세를 몰아 민주노조를 결성하였다.

이렇게 강력한 투쟁이 쉼 없이 전개되자 회사 측에서 교섭을 요청해 26일, '일당 1,200원 인상, 상여금 400%

지급, 중식 무료 제공, 동하복 지급' 등을 합의하는 성과
를 쟁취하며 투쟁을 종료했다.

체계적인 프로그램, 연대의 관점으로 투쟁한 오리엔트 노동자

오리엔트 노동자들은 8월 17일 호루라기 소리를 신호로
40여 명이 스크럼을 짜고 공장을 돌았다. 그러자 1,200여
명의 노동자 대부분이 합세하면서 파업농성에 돌입했다.
이들은 서울 성수동 오리엔트 노동자들과 연대하여 '일당
1,500원 인상, 보너스 600% 지급, 노조결성의 자유보장,
공휴일 휴무, 토요일 오전 근무 준수' 등 16개 요구 조건
을 내걸고 '오리엔트 민주노조 결성 준비위원회'를 중심
으로 투쟁해 나갔다. 성남공장 노동자들은 통근차를 몰
고 성수동공장으로 가서 노동자 300여 명을 태워 성남공
장 농성에 동참시키면서 회사를 압박했다. 회사 측과 교
섭이 결렬되자 농성 노동자들 전원이 참여하여 민주노조
를 결성하였고 에이스침대와 리오가구 노동자 300여 명

과 오리엔트 노동자 300여 명이 합세해 가두시위를 전개하기도 했다. 노동자들의 투쟁이 날로 고조되고 가두투쟁 형태를 띠자 회사 측이 굴복하고 교섭에 참여해 '일당 1,000원 인상, 보너스 600% 지급' 등 18개항에 합의하고 열흘 투쟁을 승리로 끝마쳤다.

이 투쟁 과정에서 △ 노동자들은 '현장에서는 생산의 주인, 거리에서는 사회의 주인'으로서 회사 측의 처분만 기다리는 것이 아니라 주체적 모습을 만들어 나갔다. 토론, 노래자랑, 장기자랑, 게임, 영화 감상, 연극 등을 통한 노동문화 활동을 창조적으로 진행했으며, 노동운동사, 인생 경험, 투쟁의 의미, 연대의 필요성 등을 발표하고 토론했다는 점은 되새겨볼 필요가 있다. △ 자발성에 기초한 강철 같은 단결과 철의 규율, 그리고 민주적 결정은 관리자들에 의해 일방적으로 강요되는 규칙이 얼마나 보잘 것 없는지를 보여주었다. 이들은 투쟁 첫날부터 5개 소대의 결사대를 조직하였고 '개별 행동 및 음주 금지', '모든 결정은 민주주의 원칙에 따른다', '동료애로 서로를 이해하고 돕는다' 등의 행동 수칙과 투쟁 원칙을 정해두고 파업 진행을 민주적 토론을 통해서 꾸려나갔다. △ 노동자들이 힘을 강화하자면 연대가 필요하다는 사실과 어떻게 연대해야 하는 지를 보여주었다. 에이스와 리오의 연대와 오리엔트와의 지역 연대 및 오리엔트 계열 회사인 영송정기에 대한 연대, 공단 일대 연대시위, 농성 사업장 지지 성명 등은 모범적이었다. △ 마지막으로 권익을 쟁취하는 데 그치지 않고 노동자의 진정한 대표기구인 민주적 노동조합을 결성함으로써 일회적이거나 단절적 싸움이 아닌 지속적 싸움의 발판을 마련했다. 아울러 요구가 관철되지 않았을 때 거리투쟁(노동정치) 전술을 선택한 과감성도 눈여겨 볼 필요가 있다.

경기남부 노동자대투쟁

경기남부지역은 안양, 안산, 수원, 오산, 평택, 안성 등으로 넓게 분포되어 있는데 8월 한 달간 집중되어 100여 개 사업장에서 투쟁이 일어났다. 7월 초에 노조결성과 임금인상으로 파업농성이 시작된 안양 한국제지 노동자들의 노조결성 투쟁과 경인, 수원 지역 노동자들의 투쟁은 대우중공업 군포공장 투쟁을 거쳐 8월 중순경부터 하루에 10여 개 이상의 공장에서 파업투쟁이 전개되며 지역의 투쟁 분위기를 확산시켰다.

초기의 투쟁은 전국적인 투쟁의 흐름에 영향을 받아 짧은 기간에 요구 조건을 쟁취하는 사업장이 많았지만 8월 20일 이후부터는 정권의 노동운동 탄압 책동과 그에 힘입은 회사 측의 협상 회피로 쟁의가 장기화되었으며 구사대와 경찰의 침탈도 계속되어 어려운 투쟁을 전개하였다.

안양·군포 노동자들의 파업과 투쟁

안양지역은 1980년대 초반부터 학생운동 출신들이 활동을 해 왔던 지역으로 지역, 공장별 소모임이 진행되었던 곳이다.

한국제지에서는 학출 활동가들이 몇 개의 소모임을 운영하면서 노조결성을 비밀리에 준비하고 있었다. 그러던 차에 회사의 어용노조 결성 움직임이 감지되자 노조 준비팀은 서둘러 노조결성을 하기로 하고 7월 27일 밤, 안양 용미각에서 50명의 노동자가 모여 노조결성을 마쳤다. 새벽 3시 이들은 정문 앞에 모여 4열 횡대로 행진하여 현장에 진입하였다. 어용노조를 준비한 회사에게 사과하라며 군가를 부르며 현장을 돌자 조합원들은 기다렸다는 듯이 파업대오에 합류했다. 노동자들의 단결된 기세에 눌린 회사는 어용노조 결성 시도를 사과하고 노조의 요구를 거의 수용하였고 이에 노동자들은 농성을 풀고 임금협상에 들어갔다. 노조는 조직체계를 정비하고 교섭을 준비하던 중 회사의 제품 과다반출을 교섭력 약화 기도로 간주하고

8월 22일 2차 파업에 들어갔다.

안양지역에서는 7월 말 태광산업의 투쟁을 시작으로 8월 초 삼덕제지, 대우중공업, 부전공업, 고려합섬, 만도기계, 대양제지, 삼익파이버글래스, 서진산업, 금성전선 안양공장이 파업에 들어갔다. 금성전선의 경우는 어용노조 퇴진과 임금인상, 상여금 인상 등의 협상이 결렬되자 금성중기공장으로 가두행진 하여 연좌농성을 벌이기도 했다.

군포에 위치한 유신중전기와 경원제지 노동자들도 파업에 돌입하여 노조를 만들고 임금인상, 상여금 등의 요구를 걸고 투쟁에 들어갔으며 또 대한전선을 포함 13개 사업장에서 임금, 상여금, 노동조합 문제를 걸고 파업투쟁에 돌입하였다.

안산 노동자들의 8월 집중 투쟁

안산지역의 투쟁은 대부분 8월 중순으로 집중되었다. 8월 10일 대원시트 노동자들이 파업과 동시에 노조를 만들며 투쟁에 돌입했고 이어 광진상공, 노송가구가 노조결성 후 임금인상과 상여금을 요구하며 투쟁에 돌입했다. 서울차체, (주)신흥, 우신전자, 계양전동공구, 오양공조기, 영흥이 투쟁에 합류하며 공단 내의 투쟁 분위기를 끌어올렸다. 18일에는 한영알미늄, 태가통상, (주)경보, 서울식품, 유진기공, 삼선공업, 동신피혁이 파업투쟁을 시작했으며 계양전기, 대아양행도 민주노조 인정과 임금,

상여금을 요구하며 투쟁에 돌입했다. 8월 25일부터는 덕부진흥을 포함하여 13개 사업장의 노동자들이 노조결성 인정, 임금인상 등의 요구를 하며 투쟁을 이어갔다. 노동자대투쟁 시기에 안산지역은 35개 사업장에서 투쟁에 참여했다.

수원·평택 노동자들의 투쟁

수원지역에서는 한일합섬 수원공장 노동자 1,500명이 어용노조 퇴진과 임금인상을 요구하며 투쟁에 들어갔고, 이어 수원여객, 일진전기, 태평양화학 수원공장 노동자들이 노조 인정과 임금인상 등을 요구하며 투쟁했다. 9월에는 수원지역 택시 19개 업체 노동자가 택시 500대를 세우며 전면파업에 돌입함으로써 수원지역 노동자 투쟁의 열기를 고조시켰다.

평택에서는 금성사 평택공장 노동자들이 8월 13일 임금인상과 상여금 차등지급 철폐, 부당해고와 감봉제도

철폐를 요구하며 농성에 돌입했다. 며칠 후 위장취업 문제로 퇴직한 3명의 노동자가 투쟁에 결합하자 회사는 휴업을 통보하고 노동자들의 출근을 저지했다. 21일에는 노조 집행부 쪽 조합원 100여 명이 농성장에 들어가 농성중인 노동자들을 강제해산시키려 하였으나, 농성 노동자들의 완강한 저항으로 농성은 유지되었고 오히려 대오가 천 명으로 늘어났다. 농성 노동자 대표 20명은 구체적 요구안을 전체 노동자의 토론에 부쳐 확정하고 회사에 협상을 제안했지만 회사 측의 무성의로 결렬되었다. 노동자들은 단호하게 행동으로 나섰다. 8월 24일 노동자 1,200명이 회사 정문을 박차고 나가 고속도로를 점거했으며 이를 계기로 노동자들의 투쟁 의지는 더욱 높아졌다. 25일 노동자 대표와 노조 집행부는 서울 뉴스호텔에서 협상을 갖고 '임금인상(10%), 근속수당 신설, 상여금 차등제 조정'을 합의해 투쟁은 마무리 되었다.

금성사의 경우 조합원의 단결력을 통해 요구안 일부를 쟁취한 것은 성과라 할 수 있다. 하지만 민주노조를 세우지 못했고 이후 노동조합 활동의 전망을 세워내지 못한 것은 한계로 지적할 수밖에 없다. 경기남부 다른 사업장과의 연대의 흔적이 없는 것은 고립된 입지의 영향이 작용했다고 보여진다.

경기남부 노동자대투쟁의 특징

경기남부지역에서 가두투쟁을 한 사례로는 안양의 금성전선 안양공장(8월 10일), 금성전기 중기사업부(8월 11일), 대한전선(8월 26일)을 들 수 있다. 또 한영알미늄(8월 19일) 노동자들은 공단본부 앞길을 막고 가두시위를 벌였고, 성진산업(8월 28일) 노동자들도 공장 앞 도로를 점거하였다.

경기남부지역 노동자대투쟁의 양상은 몇 가지로 요약할 수 있다. △ 이 지역 주요 대기업 자본은 노동자 투쟁에 매우 공세적인 태도를 보였다. 가령 금성전선 중기사업부의 경우 지역 내에서 모범적인 투쟁을 전개하고 있었는데 럭키금성 그룹의 방침에 따라 협상을 거부하고 공권력을 투입하여 투쟁을 분쇄시켰다. 이러한 대기업의 고압적 자세는 하청 회사에 대한 강요로 이어졌다. 기아산업 하청 회사인 서진산업의 경우 기아산업의 방침에 따라 노조와 협상을 거부한 것이 단적인 예이다. 8월 28일, 거제 대우조선의 이석규 열사 장례식 이후 '정부의 강경 방침'을 재벌들은 두 손 들고 반겼고 협상이 아닌 공권력에 의존한 해결 방식을 선호했던 것이다. △ 대기업의 공장 간, 계열사 간의 연대투쟁은 활발했다. 대우중공업 군포 공장은 창원 · 인천 · 서울공장과 연대투쟁을 전개했고, 한일합섬 수원공장은 마산공장과, 금성사 평택공장은 창원 · 마산 · 구미공장과, 태평양화학 수원공장은 서울 대림동 공장과 연대투쟁을 전개했다. 이들의 투쟁은 이 지역에서 먼저 시작되기보다는 다른 지역에서 투쟁이 옮겨온 경우가 대부분이었다. △ 수도권 지역에서 이전한 학생 출신의 활동가들이나 현장 활동가들의 숫자에 비교해 볼 때 사업장 내의 활동은 그다지 두드러지지 않았다. 1986 년 화천프레스 임금인상 투쟁에서 학생 출신 활동가가 해고되어 출근투쟁을 한 사례와 국제전기에서 100여 명의 노동자들이 참여한 파업이 전부였고, 1987년 초 임금인상 투쟁도 활동가들이 있는 공장 2곳에서 진행되었다. △경기남부지역에는 삼성재벌이 밀집해 있기도 했는데 이들은 노동자들의 투쟁을 예방하기 위해 자진해서 임금을 18% 인상하고 적극적인 고충처리 정책을 폈으며, 해고 경력자 1명이 발견되면 같은 부서 노동자 20명을 해고하겠다는 위협도 서슴지 않는 이중적인 대처로 노동자대투쟁의 불길을 피해나갔다.

서울 노동자대투쟁

1961년 5월 16일 군사쿠데타를 일으켜 정권을 장악한 박정희 정권은 경제성장을 명목으로 내세우며 1964년부터 1974년까지 10여 년에 걸쳐 구로공단을 수출산업공단으로 조성했다. 농촌의 급격한 해체로 서울로 유입되는 노동력을 자본에게 공급해 저임금 장시간 노동에 기초한 획일적 수출경제 전략을 추진한 것이다.

서울지역 노동자들은 1970년 전태일 정신과 지속적인 합법화 투쟁을 전개해 온 청계피복노조, 민주노조를 갈망했던 원풍모방노조 등의 투쟁, 1985년 구로동맹파업을 경험했으며, 1987년 6월항쟁에 참여하였다. 한편 정치의 중심지이자 투쟁의 폭발성이 어느 지역보다 큰 곳이 서울이라 자본과 정권은 서울의 노동운동에 대해 다양한 방식으로 철저한 통제를 해왔다. 이러한 연유로 서울지역 노동자대투쟁은 다른 지역에 비해 늦게 불붙기 시작했다.

1987년 5월 제일피복
노조탄압 규탄 불매운동

　7월 22일 구로구 독산동의 (주)태봉에서 회사 측의 집요한 방해를 뚫고 노동조합이 결성되었고 27일 성수동의 영송정기에서도 노동조합이 결성되었다. 이후 잠시 잠복기를 거친 노동자들의 투쟁은 8월 13일 OB맥주 영등포 공장과 14일 구로3공단의 금성오디오 노동자들의 농성을 시작으로 구로공단 전역으로 확산되었다. 8월 하순경에는 서울 전 지역으로 투쟁 열기가 확산되어 구로공단, 영등포 지역, 성수동 지역 등에서 폭발적으로 투쟁이 터져 나오기 시작했다.

구사대 폭력에 맞서 민주당사 농성을 전개한
성수동 영송정기 노동자

하기휴가 무급 실시에 불만을 품고 있던 영송정기 노동자
들은 7월 24일 '노동조합 준비위'를 만들고 '노조결성의 자
유 보장과 임금인상' 등 12개 요구 조건을 제시하며 회사
측과 협상에 들어갔다. 회사 측은 노조만 결성하지 않는
다면 모든 조건을 들어 주겠다고 회유했지만, 58명의 노
동자들은 27일 금속노련 사무실에서 결성식을 갖고 이후
120여 명이 노조에 가입했다. 회사는 '극렬노조 대책위'라
는 구사대를 조직해 노조 가입자들을 회유, 협박했고 '외
부세력 개입' 운운하며 9명의 노조 간부를 해고시켰다.

8월 13일부터 해고자들의 출근투쟁이 시작되었는데
회사 측은 구사대를 동원해 해고자들에게 무차별 폭행을
가했고 이에 위축되어 출근투쟁에 참여하는 노동자 수가
점점 줄어들었다. 이에 노조는 회사의 부당노동행위, 폭
력 탄압을 사회문제화 시켜 교섭력을 강화하자는 취지에
서 민주당 농성을 결정하였다. 17일 해고자들은 민주당사

에 들어가 '회사는 노조 탄압을 중지하라', '폭력 사태 공개 사죄하라', '해고자 원직복직', '공장 민주화 없이 사회 민주화 없다'고 주장하며 농성에 돌입했다. 회사 측이 '노조 활동의 자유와 해고자의 원직 복직' 등 모든 조건을 들어주겠다고 수락함으로써 3일 만에 농성투쟁은 마무리되었다. 그러나 이후에도 자본, 정권, 구사대 삼각동맹으로 치고 들어온 민주노조 말살 책동과 현장 통제는 가혹했다. 결국 임원 재선거에서 노동조합 설립을 주도했던 기존 임원들은 모두 교체되고 노조는 어용화 되고 말았다.

삼성제약 여성 노동자들의 끈질긴 투쟁

삼성제약노조는 조합원 150명 전원이 여성으로 이루어진 노조로 결성 10년 동안 민주노조로서 치열한 투쟁을 이어 왔다. 1987년 임단협은 6월 8일 성공리에 타결되었지만 노동자대투쟁이 전국을 강타하자 삼성제약노조는 7월 초, '부당 해고자 복직, 상여금 600% 지급, 주 44시간 근

무, 하기휴가 실시' 등의 요구사항을 놓고 단체교섭을 요
청하고 대략 두 달에 걸쳐 교섭을 전개했다. 하지만 사장
의 무성의에 분노한 노동자들은 8월 27일 전면파업에 돌
입했고 회사 측은 무자비한 폭력으로 응했다. 경리부 남
자 직원 10여 명이 농성장에 난입하여 어떤 자는 웃옷을
벗고, 바지 혁대를 빼버린 채 정신없이 날뛰는가 하면,
어떤 자는 무자비하게 여성 노동자들을 닥치는 대로 폭행
하기도 했다. 노동자들이 흔들림 없이 이를 막아내자 다
시 30여 명의 남자 사원을 투입했다. 이들은 농성장에 오
물을 뿌리고 의자, 전화기, 화분, 유리 조각 등을 던져 넣
으며 공포 분위기를 조성했다. 그러나 오히려 이를 보고
분노한 남성 노동자 35명이 노조에 가입하고 농성에 가세
하며 분위기는 달라졌다. 삼성제약 노동자들은 끈질기고
완강한 투쟁 끝에 9월 14일 '상여금 50% 인상, 하기유급
휴가 인정, 근로시간 단축' 등을 쟁취하여 투쟁을 승리로
이끌었다.

서노협 건설의 기지를 구축한 동아건설 창동공장

노조결성 투쟁

동아건설 창동공장의 노조결성 투쟁은 본조의 어용성을 극복하고 투쟁을 통해 민주노조를 지부 독자적으로 세워 냈다는 점, 서울지역노동조합협의회(서노협) 건설의 선봉 이자 그 기지로서의 자기 역할을 하고 지도력을 투쟁 속 에서 성장, 발전시켰다는 점에서 의의가 있다.

1986년 12월 동아콘크리트가 동아건설로 합병되면서 회사 측에서 상여금 지급을 중단했다. 이에 불만을 품은 노동자들은 밤새 불붙인 경유 드럼통으로 사무실을 포위 함으로써 회사 측의 양보를 받아냈다. 비록 투쟁을 이끌

서울 오리엔트노조 소식지 창간호(1987. 8. 31)

었던 이들이 회사의 회유로 해외 건설 현장으로 빠져나가면서 성과를 이어가지 못했지만 이 경험을 계기로 노조의 필요성을 절감하는 이들이 형성되었다. 철근반 주임 단병호도 그 중 한 명이었다. 단병호를 중심으로 한 노동자들은 7월 5일 야간에 한 개 부서를 이끌고 화학연맹으로 가 기습적으로 노조 결성식을 개최하고 설립신고를 했다. 그러나 이미 10년 전에 부평공장에 본조가 결성되어 있었기 때문에 쟁의신고권이나 단체교섭권이 없는 지부노동조합으로 출발할 수밖에 없었다.

어려움 속에서도 8월 18일, 회사의 허를 찌르며 파업 농성이 시작되었다. 회사 측에서는 부평 본조 위원장을 보내 "회사와 대화하면 요구 조건을 들어주겠으니 농성을 풀라"며 노동자들을 회유했지만 이는 되려 어용노조의 본질이 폭로되는 계기였다.

파업은 8월 18~26일까지 9일에 걸쳐 전개되었다. 노동자들은 유일하게 함께 아는 노래 '흔들리지 않게'를 불러댔으며 유행가 노가바, 장기자랑, 휴식 등의 프로그램을 가지며 파업농성을 지속했다. 조합원의 요구는 시급

30원 인상이었으나, 집행부는 50원 인상으로 확정하여 회사 측과 교섭을 했고, 결국 '시급 50원'과 '월 3시간 유급 노조 교육시간 확보' 등을 쟁취했다.

이후 동아건설 창동지부는 토요일 오후마다 밤잠을 설치며 소모임 활동을 이어가 역량 있는 간부들을 배출했다. 나중에 이 동력은 1987년 10월 '통상임금 쟁취투쟁'에서 직책수당에 대한 통상임금 적용분 1년 치를 되찾는 힘으로, 다시 1988년 상반기 임투에서도 승리를 쟁취하는 힘이 되었다.

파견노동 반대, 외국인 노동자와의 차별을 반대한 노스웨스트항공 노동자

노스웨스트항공사 노동자들의 투쟁은 7월부터 9월까지 이어졌다. 투쟁의 불모지로 알려져 왔던 외국기업에서 발생해 장장 100여 일간의 지속적인 파업을 전개했다는 점에서 20여 일간 파업을 전개한 일본항공사(JAL)와 함께

1987년 대투쟁의 중요한 한 사건이었다. 투쟁의 최대 쟁점은 이원적 노무관리 철폐와 한국인에 대한 차별 대우 철폐였다.

　노스웨스트(NWA)는 직원 모집 광고를 내서 합격한 사람들을 부서에 배치하는데 일부 부서는 정직원이 되고 화물부, 여객부, 정비부에 합격된 사람은 아무런 사전 설명 없이 한국산업안전주식회사(KSC)라는 용역 회사의 직원이 되어 노스웨스트에 파견되는 구조였다. 그런데 초봉이 NWA가 30만 원인 반면, KSC는 21만 원에 불과했다. 회

사 측은 이러한 임금 격차를 이용해 노동자들을 이원적으로 관리하고 있었던 것이다. 여기에 KSC 사측에서는 임금 총액의 80%만 파견노동자에게 온라인으로 제공하고 나머지 20%는 용역료로 착취했다. 외국인과의 임금 격차도 심각해 NWA에 소속된 미국인 여성 승무원의 초봉이 80만 원인 데 비해, 한국인 여성 승무원은 27만 원에 불과했다.

9월 9일 NWA 노조원과 KSC 파견노동자들이 하나 되어 파업농성에 들어가자 사측은 즉각 전화선을 끊고, 노동자들을 추천한 지도교수들에게 거짓 편지를 발송하여 이들을 분열시키려 했다. 이에 분노한 노동자들은 출국 수속대를 점거하고 X자를 한 마스크를 쓴 채 침묵시위를 시작했다. 사측은 즉각 공권력 투입을 요청했지만 경찰 측에서 이를 거부했다. 한편 같은 조건에 있던 JAL의 한국 직원들도 9월 18일을 기해 동조파업에 돌입했다. 회사 측은 항공기 취항을 전면 중단하고 직원 급여의 3분의 1만을 지급했으며, 상여금도 전면 중단시켰지만 노동자들의 투쟁은 한 치의 흔들림 없이 계속되었다. 장기농성 한 달 만에 JAL이 타결되었고 10월 9일 노스웨스트도 'KSC 직원들을 점진적으로 NWA 직원으로 흡수한다'는 합의로 타결되었다.

하지만 사흘도 못 가 사측은 파업농성에 참여했던 여객부 정직원 13명 전원을 화물부로 전격 인사조치하였다. 이에 노조는 업무 구분의 원칙 준수와 비상식적 인사를 중단할 것을 요청했지만 회사 측이 이에 응하지 않았다. 그러자 NWA와 KSC 노동자 대표 4명이 무기한 단식농성에 돌입했고 이어 전 조합원 133명이 단식농성에 합류했다. 단식농성장에 대형 태극기가 걸렸는데 정부 관계 공무원이 달려와 '태극기는 기쁠 때만 게양하도록 되어 있는데 사적인 문제로 태극기를 쓰면 법에 걸린다. 너희들이 무슨 독립운동가냐'며 태극기를 떼어버리는 사건이 발생하기도 했다.

단식 10일째 노조 간부 등 조합원들이 쓰러지기 시작했지만, 이때 대학을 갓 졸업하고 일본에서 연수를 받던 14명이 귀국하여 단식농성에 동참하며 투쟁을 이어갔다. 회사 측은 파업농성을 이탈하면 즉시 임금을 지불하겠다는 회유를 계속했다.

결국 12월 들어 파업 대오는 하나, 둘 이탈자가 생겨났고, 12월 18일 2차 파업농성 기간의 임금을 전혀 받지 못한 채로 투쟁은 종결되었다. 협상 타결 내용은 △ KSC 직원을 1989년 말까지 단계적으로 전원 흡수한다. △ 임금은 '하후상박'식으로 17~25% 인상한다는 것이었다. 2차 파업의 주요 요구였던 업무 구분 명시화는 결국 이루어지지 않았다.

위장폐업에 맞서 100일 투쟁을 벌인 맥스테크 노동자

마포구 도화동에 자리한 맥스테크사는 노동조합을 없애기 위한 위장폐업으로 악명을 떨쳤다. 맥스테크는 신촌의 단칸방 사무실에서 사업을 시작하면서 (주)한양, (주)한국상역, 깊스, 하니 구미지사 등 대규모 회사로 성장했다. 맥스테크 노동자들은 대부분 600명으로 구성된 (주)한양 소속이었으나 차츰 100, 200, 270명 등의 규모로 나뉘

어 제일전산, 광주 대승시스템, 맥스텍크사, (주)한양 등
으로 갈렸다. 노동자들의 의견은 무시한 채 회사의 의도
(세금 혜택)에 따라 여기저기 옮겨 다니게 된 것이다. 현장
이 유해 작업장 임에도 10시간 이상의 장시간을 강요했
고, 6개월이 지나면 시력이 떨어져 노동자 90%가 안경,
렌즈를 사용했어야 했다. 이렇게 힘든 일을 시키면서도
회사는 기본급 97,000원이라는 저임금을 주었고, 도급제
를 도입해 노동자들을 분열시키는 작태를 일삼았다.

이런 회사에 대응하기 위해 270명의 노동자들은 1987
년 8월 29일 노동조합을 결성했다. 그러자 회사는 노조를
와해시키기 위해 협박을 가하는 한편, 계열 회사 사장을
시켜주겠다고 위원장을 회유했으나 한마디로 거절당했
다. 사장은 "도저히 불쾌해서 회사 운영 못 하겠다. 폐업
이다"라며 다음날 회사 정문에 폐업공고를 붙였다.

위장폐업에 대한 노동자들의 분노로 시작된 투쟁은 서
울뿐만 아니라 전국적 연대투쟁을 이끌어냈고 100여 일
만에 승리를 쟁취했다. 투쟁승리 1차 보고대회가 열렸던
12월 15일, 여성백인회관에서 서울지역 15개 사업장 노

조 위원장들이 모여 연대의 필요성을 논의하기 시작함으로써 1988년 5월 마침내 서울지역노동조합협의회(서노협)가 건설되었다.

8.18 노동자대회_안암동개운사

강원 탄광 노동자대투쟁

1980년에 폭발적인 투쟁을 경험했던 광산노동자들의 투쟁이 1987년 7월 중순에 태백에서 시작됐다. 석탄 사용을 줄이고 기름 사용을 늘리는 정부의 정책과 어용노조의 횡포 속에서 최악의 노동조건을 강요당해 온 광산노동자들의 분노가 걷잡을 수 없이 터져 나왔다. '막장 인생' 광산노동자들은 처음부터 국도와 철도를 점거하고 가두시위를 벌였다. 한성광업소 투쟁을 기점으로 전국으로 확산되어 8월 22일까지 강원 45개소, 경북 7개소, 충북 3개소, 충남 5개소, 전남 2개소 등 62개 탄광이 투쟁에 들어갔다. 이로 인해 도로와 철도 점거는 더욱 빈번해졌고 투쟁은 임금인상 요구에서 도급제 폐지와 어용노조 퇴진으로 발전하였다. 투쟁이 벌어지면 가장 먼저 어용노조 사무실이 부서졌고 장성광업소 노동자들은 관리자 아파트에 불을 지르기도 했다. 함백석공에서는 민주노조 위원장을 당선시켰고 고한의 월산탄광, 삼척탄좌, 성동탄광 등에서 그 이전에는 볼 수 없었던 어용 집행부에 대한 비판서들이 나돌았다.

1987년 당시 광산노동자들이 안고 있던 문제는 크게 네 가지로 요약할 수 있다. 먼저 여타 지역에 비해 상대적으로 높은 물가와 저임금을 들 수 있다. 1986년 광산노동자들의 평균임금은 월 38만 4,004원으로 타 업종에 비해 비교적 높은 편이라고는 하지만 제조업 노동자의 10여 배에 달하는 노동 강도, 상존하는 재해 위험, 여타 지역에 비해 10% 이상이 비싼 물가로 1987년 광산노련이 자체적으로 집계한 최저생계비 45만 7,991원의 80%에 불과했다. 둘째, 이들의 임금체계는 성과급의 일종인 도급제였는데, 일정한 시간 내에 달성한 작업량을 기준으로 임금이 지급되는 제도였다. 매장량이 풍부한 광업소에서는 '갱 도급제'나 '가다 도급제'가 채택되어 작업량이 임금 수준에 그다지 큰 영향을 미치지 않았지만 영세 탄광의 경우 '막장 도급제'를 채택, 노동자들을 쥐어 짜고 있었다. 셋째, 전국 광산노동자 6만여 명 중 70%가 노조에 가입되어 있지만 노조는 제 역할을 못한 채 부패만 심각했다. 노조 위원장이 사장보다 더 많은 돈을 착복한다는 소문이 공공연해 노동자들의 투쟁이 일어나면 간부들이 먼저 도 망가는 것이 관례처럼 되어 있었다. 넷째, 진폐증을 포함한 만연한 산업재해다. 1985년에만 탄광 사고 사망자가 185명으로 이 중 낙반과 붕괴로 115명(62%), 운반 사고로 16명(8.6%), 화학 폭발 사고로 15명(8.1%), 가스 누출로 14명(7.6%) 등 제대로 갖추어지지 않은 시설에 의한 사고가 압도적 다수를 차지하고 있었다. 1986년 10월까지 재해 건수 5,405건에 재해자가 5,516명에 달했고 이 중 162명이 사망하였다.

이렇게 열악한 조건 속에서 일하는 탄광노동자들의 첫 투쟁은 월산광업소, 동하기업, 성동탄광 등의 해고자 8명이 7월 16일 동원탄좌 노조 사무실을 점거하고 무기한 단식농성에 돌입하면서 시작되었다. 다음날 5명이 복직되고, 2명은 복직 협의를 하기로 하면서 투쟁이 마무리되었지만 투쟁의 불씨는 동해탄광, 한보탄광 통보광업소, 동해탄광 조광업체인 태극광업등으로 걷잡을 수 없이 확산되었다.

노동자 석방을 요구하며 투쟁한 태백 한성광업소 노동자

태백시 한성광업소에 '상여금 월 총소득의 400% 지급, 25일 만근제, 사택보조비 지급, 퇴직금 누진제' 등 4개 요구사항을 담은 유인물이 배포되었다. 여기에는 7월 25일까지 회사가 성실하게 응답하지 않을 경우 행동에 돌입하겠다는 경고가 담겨 있었다. 회사 측이 아무 대답도 하지 않자 7월 25일 노동자 500여 명이 시내 진출을 시작했다. 이들은 전경의 저지에 투석전으로 맞서며 태백역 앞 사거리까지 진출했고 가족의 참여로 대오는 어느새 700여 명으로 늘어났다. 선발된 일부 대오가 시장 삼거리까지 행진, 점거농성을 함으로써 태백 시내 교통은 전면 마비되었다. 밤 11시 30분경 투쟁을 알리기 위해 KBS로 가자는 의견에 따라 400여 명이 2km가량을 행진하다가 시청 앞에서 200여 명의 전경들과 충돌하기도 했다. 이 과정에서 약 20여 명이 연행되고 경찰의 물리력에 의해 밀려난 노동자들은 태백역 앞에서 농성을 계속했다.

다음날인 7월 26일, 노동자들은 '연행자 석방, 회사 사장과의 면담'을 요구하며 가두행진을 시작해 다시 역 앞 사거리에 도착해 연좌농성에 돌입했다. 경찰이 대오를 해산하려 하자 투석전이 벌어졌고 대오는 태백골 다리 앞까지 밀려났다. 이때 광산연맹 임원이 도착해 중재를 자원했으나 노동자들의 강력한 반대에 부딪혀 잠시 후 슬그머니 사라지고 말았다. 밤 11시 빗속에서 젊은 노동자들을 선두로 다시 400여 명의 대오가 '연행자 석방, 임금 인상, 단결' 등을 외치며 사택 주위를 돌며 시위를 벌이다 새벽 1시에 해산했다.

그 다음날에도 시내 시위는 계속되었다. 한편 회사 측과의 협상 결과 '보너스 총소득의 300% 지급, 26일 만근제, 만근시 합숙소와 사택 거주자들에게 보조비 1만 원 지급' 등의 협상 결과가 나왔지만 노동자들은 "연행자부터 석방해야 한다"며 이를 거부하고 다시 역 앞 사거리에서 경찰과 대치해 농성에 돌입했다. 이 농성은 이틀간 이어졌고 결국 7월 29일 연행자가 전원 석방되자 노동자들은 협상안을 수용하고 투쟁을 일단락 지었다. 완전한 승리였다.

경찰의 무자비한 탄압에 맞선 삼척탄좌 정암광업소 노동자

삼척탄좌 정암광업소는 사북의 동원탄좌와 함께 국내 최대의 민영 탄광으로 노동자 수가 2,700여 명, 연 매출액 560억 원에 이르는 굴지의 광업소이다. 그러나 기업 규모에 비해 노동 강도가 워낙 높아 노동자 1인당 1일 생산량이 국내 평균 1.24톤보다 훨씬 높은 1.84톤으로 국내 제일인 반면 월평균 임금은 34만 원에 불과했다. 게다가 대형 탄광이라는 점 때문에 노동자들에게 철저한 복종을 강조했다. 노동자들을 고용할 때 항문까지 들여다보는 등 노예시장을 방불케 했으며, 관리자들에게는 어디서나 거수경례를 붙이게 하는 등 봉건적이고 병영적 노무관리 체제가 유지되었다.

8월 5일, 24명의 노동자들은 '삼척탄좌 노동조건 개선 추진위원회'를 결성하고 10일 총파업을 전개하기로 결정했다. 그러나 회사 측은 24명의 명단을 파악한 후 이들 전원을 납치하기 시작했다. 가까스로 몸을 피한 정운환 등이 4가지의 행동 요령과 13개 요구 사항을 내건 유인물을 제작하여 구사택과 신사택에 배포했다.

이 유인물은 즉각 효과를 나타냈다. 출근한 노동자들이 술렁대기 시작했고 갱내에서는 작업이 중단되고 노동자들은 갱 밖으로 나왔다. 8월 9일, 광업소 앞 광장에서 노동자들의 농성이 시작됐다. 노조 위원장은 이 자리에서 사표를 냈다. 농성자들은 순식간에 3,000여 명으로 불어났고, 회사 측과의 협상이 결렬되자 밤 11시 500여 명의 노동자들이 고한역으로 진출했다.

한편 남아 있던 일부 대표들이 재협상을 하려 하자 노동자들이 강력히 반대하고 모두 고한읍으로 총집결할 것을 결의했다. 새벽 4시경 고한역에 집결한 2,000여 명의 노동자들은 계속 농성을 벌이다 날이 밝아 오는 시간에 집으로 돌아갔다. 다음날에도 3,000여 명이 다시 집결했다.

8월 11일, 아침 7시경 500여 명의 전경들이 농성장에 몰래 숨어들었다. 이들은 노동자들을 몽둥이와 군홧발로 짓밟고 무참히 해산시킨 뒤 15명을 연행해 갔다. 이러한 경찰의 만행에 분노한 노동자 3,000여 명이 고한역 주변에 집결, 역사를 점거한 전경들과 투석전을 벌이기 시작했다. 그러나 경찰의 직격 최루탄에 맞은 노동자 3명이 중상을 입고 원주로 후송되는 등 커다란 피해를 입고 주춤할 수밖에 없었다. 오후에 삼척탄좌의 조광업체인 인동탄광과 중앙개발 노동자들이 덤프트럭을 타고 내려와 대오에 합류했다. 이에 힘입은 노동자들이 다시 밀어붙이기 시작하자 경찰들은 연행했던 노동자들을 슬그머니 석방시키고 철수했다. 경찰이 철수하자 고한역에는 7,000여 명이 운집하여 승리의 환호성을 올렸다.

다음 날 회장이 내려와 협상이 열리고 7개항에 대한 합의가 이루어졌다. 노동자들은 협상결과에 큰 불만을 가지고 있었지만 '노동조합 민주화추진위원회(노민추)'를 중심으로 민주노조를 만들 수 있다는 기대 속에서 해산했다.

그러나 구 어용 집행부를 중심으로 민주파 파괴 공작이 심각해졌다. 8월 15일 '노민추' 위원들이 임시 노조 집행부를 선출했으나 1차 파업을 주도했던 많은 이들이 배제되어 문제를 내포한 가운데, 17일에는 구 대의원단이 광업소 소장을 만나 자신들에게 대표권 줄 것을 요청하며 노조 재장악 야심을 노골적으로 드러내기 시작했다. 회사는 '노민추'의 대표권만 인정하겠다던 약속을 파기하고 이를 승락함으로써 노동자들의 분노를 자아냈다. 서울에서 내려온 광산노련 간부들은 구 대의원과 신 집행부가 5:5의 지분으로 대표단을 구성하여 선거 일정과 노조규약 통과까지 협의할 것을 종용하면서 구 어용노조를 지원했다. 신 집행부 중 일부가 이에 동조하기도 했지만 결국 무산되었다.

신 집행부의 어용화에 실패한 구 대의원단은 자기들끼리 모임을 갖고 위원장 직무대리를 선출하고 9월 10일 노조 위원장 선거를 직선제로 실시하겠다는 공고를 붙였다. 이 공고문은 파업 이후 현장에서 갖은 수모를 겪고 있던 노동자들에게 기름을 부은 꼴이 되었다.

8월 21일 신 집행부와 함께 파업을 선언하고 300여 명의 노동자들이 농성에 돌입했다. 다음날 농성 대오는 1,500여 명으로 늘어났고, 24일 회사 측은 기만적인 휴업 조치를 내렸다.

8월 31일 새벽 6시경 자녀들을 학교로 보내기 위해 못골아파트로 내려가던 노동자 6명과 부녀자 7명이 구사대

200여 명에게 집단 구타를 당하고 가까스로 몇 명이 도망쳐 오는 사건이 발생하자 노동자들의 분노는 하늘을 찔렀다. 날이 밝으면서 사측의 폭력 만행 소식을 전해 들은 노동자들 1,500여 명이 몽골아파트로 진격했고 만항 쪽에서도 수백 명이 밀려 내려가기 시작하자 형사들과 구사대 200여 명은 그대로 도망쳐 버렸다. 한편 지도부 중 정운환과 신언도만 남고 나머지는 모두 도망쳐 버림으로써 지도부 문제도 자연스럽게 해결되었다.

9월 1일, 농성 12일째 되는 새벽 4시 50분경 경찰은 페퍼포그 2대를 앞세우고 1,500여 명의 전경 병력을 동원 기습 공격을 감행했다. 무력 진압은 1시간 반 만에 끝나고, 회사는 깡패들과 전경들로 가득 찼다. 쫓겨난 노동자 1,000여 명은 읍내로 다시 모여 전기통신공사 차를 뒤집어 바리케이드를 쳤지만 전경들에게 밀렸다. 전경들은 구 사택 쪽으로 내려오면서 집집마다 닥치는 대로 최루탄을 쏘았고 수업중인 고한중학교에도 최루탄을 발사했다. 하루 종일 곳곳에서 노동자들이 연행되었고 다음날 500여 명 노동자들의 마지막 항쟁을 끝으로 투쟁은 완전히 진압되었다. 1987년 노동자대투쟁 중 가장 치열하고 처절했던 삼척탄좌 노동자들의 13일간의 2차 파업은 종결되었다.

삼척탄좌 노동자들이 무참히 짓밟혔다면 경북 문경의 대성탄좌는 비슷한 시기에 어용노조 퇴진과 월급제 쟁취, 퇴직금 누진제 등을 요구하며 12일간의 파업농성을 벌였다. 가족들과 합심해 투쟁을 전개해 왔던 대성탄좌 노동자들은 8월 11일 국도를 점거하고 농성을 벌이다 최루탄을 쏘며 진압에 나선 경찰과 맞서기도 했다. 결국 끈질긴 투쟁을 통해 16개항의 요구 조건의 대부분을 관철시키며 승리를 쟁취했다.

전북 노동자대투쟁

1978년 가톨릭노동청년회(JOC)가 출범하고 이들이 1981년 이리 창인동 성당에 '노동자의 집'을 설립해 노동야학을 운영하면서 전북지역 노동운동이 시작되었다고 볼 수 있다. 노동자들은 이곳에서 노동법을 공부하고 공장의 노동조건과 비인간적인 대우에 대한 토론을 하며 의식을 키워 갔다.

전북지역의 노동자대투쟁은 4월부터 시작된 이리 후레아훼손 노동자들의 노조 민주화투쟁으로 출발했고, 8월 초 전주 원일기업에서 촉발된 택시노동자들의 파업, 가두시위로 불이 붙었다. 8월 초, 군산 우민주철, 이리 동양물산, 전주 백양의 파업이 시작되어 9월 초까지 거의 모든 공장에서 노동자들이 파업을 경험할 정도로 연일 투쟁이 이어졌다. 군산의 세풍합판, 세풍제지, 우민주철, 군산여객, 우성여객과 이리의 동양석재, 이리모방, 김제의

풍원제지 등에서는 파업 투쟁이 노동조합 결성으로 연결되었다.

독일 자본에 맞서 투쟁한 후레아훼숀 노동자

후레아훼숀은 독일인이 투자한 기업으로 초임 일당 2,700원의 저임금에 주야 맞교대로 노동자들은 혹사당했다. 이 회사는 전표제도를 실시하였는데 시간마다 자기 생산량을 기입하여 매일 제출하게 함으로써 노동자 간의 경쟁, 부서 간 경쟁을 유도했고, 목표량이 나오지 않으면 온갖 욕설은 물론이고 개별 면담 등을 통해 노동자들을 협박하며 노동력을 쥐어짰다.

후레아훼숀의 투쟁은 1987년 4월, 7월, 8월, 총 세 번에 걸쳐 일어났다. 3월부터 임금교섭을 진행해 회사 측의 9% 인상안과 노조 측의 16.5% 요구가 팽팽히 맞서 오던 중 노조 위원장이 회사와 짜고 "12.5%로 교섭이 타결되었다"는 공고를 붙인 후 행방을 감춰 버렸다. 이에 교섭

위원들은 1,000여 명의 조합원 서명으로 위의 교섭 결과
가 무효임을 공고하고 전표 거부, 잔업 거부로 맞서면서
700여 명의 노동자가 참여한 가운데 보고대회를 개최했
다. 회사는 12명을 해고하고 휴업공고를 낸 후, 이리 수
출자유지역 공단 후문을 용접해서 봉쇄해 버렸다. 노동
자들은 '임금 16.5% 인상하라, 최저생계비 보장하라, 사

이리 후레어훼숀 노동자투쟁 지원 스티커

람 잡는 전표 철폐하라, 민족성 팔아먹는 관리인 물러가라, 부당해고 철회하라' 등의 요구 조건을 내걸고 후문 앞 아스팔트에서 농성투쟁에 돌입했다. 4월 8일 추위와 협박, 허기 속에서 밤을 꼬박 새운 노동자들이 조금씩 동요하고 있을 때 검은 장갑을 낀 특수경찰대원과 함께 회사 관리자, 깡패들이 '구사대'란 띠를 두르고 나타나 강제해산을 시켰고, 농성 지도부 10명이 경찰에 강제연행 되었다. 회사는 해고자에게 빵과 우유를 사줬다는 이유로 조합원을 해고했고, 이에 항의해 중식 거부 쪽지를 돌렸던 조합원도 해고되었다. 결국 회사의 탄압에 분노한 한 노동자가 해고자를 복직시키라며 동맥을 긋는 일이 발생하기도 했다.

소강상태에 있던 투쟁은 7월 2일, 9명의 해고자가 독일대사관 점거 농성을 시작하면서 다시 불붙었다. 노동자들은 국회 진상조사단을 활용해 투쟁을 전개하려 하였으나 독일인 부사장을 믿고 복직을 기다리자는 요청에 국회의원에 대한 환상을 버리고 독자적 투쟁에 돌입하기로 하였다. 이에 점거농성을 결정하고 한 명씩 잠입해 기술부를 장악함으로써 회사 전체를 마비시켜 버렸다. 회사 측에서는 결국 위원장 직선제와 고혈수당, 휴업수당에 대한 몇 가지 개선책을 제시하면서 2차 투쟁이 종결되었다. 승리한 것은 아니지만 1차 투쟁에서 완전히 패배했던 것에 비하면 엄청난 진전이었다. 그러나 투쟁 과제는 여전히 남아있었다.

8월에는 남성 노동자들이 함께하면서 후레아훼숀 노동자 전체가 참여하는 파업투쟁이 다시 시작되었다. 구사대 역할을 했던 남성 노동자들이 여성 노동자들의 투쟁을 보며 변화된 것이다. 요구 조건은 '해고자 복직, 임금인상 1,000원, 어용노조 퇴진, 사원 총회' 등이었다. 회사 측은 지연 전술과 분열 공작을 집요하게 폈고 결국 8월 22일, 남성 조합원들이 '임금인상, 어용노조 퇴진 및 위원장 직선제'에 동의했고, 여성 조합원들도 이에 합의함으로써 3차 투쟁이 종결되었다.

노동조합 직선제 선거는 9월에 치러졌고 민주노조가 만들어졌다. 한편 해고 당사자들은 '1인당 1,500만 원의 보상금과 자진 사퇴'에 합의하고 말았다. 그러나 복직투쟁 과정에서 열심히 싸워왔던 박경이, 주순래는 이 보상 합의를 거부하고 '해고 기간 임금 지불, 조합 활동 보장, 원직복직'을 주장했고, 10월에 결국 복직을 쟁취해냈다.

도시를 마비시킨 택시 노동자들의 파업

8월 2일, 전주 소재 원일기업(택시운수업체) 노조 간부 8명이 '사납금 인하, 상여금 지급제한 철폐' 등 9개항의 요구 조건을 내걸고 단식농성에 돌입했다. 여기에 조합원들이 합세해 전면 파업농성에 들어갔고 조합원 50여 명도 단식 농성에 합세했다. 회사 측은 휴업계를 제출하기 위해 번호판 반납을 요구했지만 조합원들의 완강한 저항에 부딪혀 실패했다.

8월 7일에는 전주시내 전 택시노동자들이 원일기업의 투쟁에 동참하며 운행을 전면 거부했다. 8개사 250여 명이 덕진동 택시사업조합 앞에서 '사납금 인하, 사업조합 임원진 퇴진, 노동조합 위원장 전임 인정, 단체협약 체결'

등 11개 요구 조건과 '원일기업 노조 9개항의 요구 조건을 전면 수용할 것' 등을 요구하며 팔달로 소재 한일교통으로 가두진출을 시도했다. 노동자들은 경찰의 최루탄에 맞서 돌을 던지고 택시를 전복시키며 격렬히 저항하다가 증원된 경찰 병력에 의해 진압당했다. 하지만 다음날에는 전주시내 택시회사 비노조원 900여 명이 가세하여 가두농성 시위를 벌이면서 투쟁은 더 확산되었다.

결국 4일 만에 노동부 관계자의 중재로 대부분의 요구 조건을 관철시켰다. 원일기업의 투쟁은 지역으로 투쟁을 확산시키기에 충분하였다. 택시노동자들의 연일 계속된 투쟁은 동종업체 전체로 퍼져나갔고, 뒤이어 제조업 노동자들에게까지 투쟁의 불길은 확산되었다.

한편 원일기업 노동자들의 투쟁에 영향을 받은 군산지역 택시노동자들도 두 팔을 걷어붙였다. 신광택시 노동자가 파업에 돌입했고, 안전택시 등 11개 택시회사 노동자 700여 명이 전면파업에 돌입하는 등 군산 일대 전체 택시가 운행을 중단하다시피 하였다. 군산 택시노동자들의 투쟁은 1주일 넘게 지속되었고 결국 8월 20일 '임금

10% 인상, 상여금 200% 지급' 등에 합의하고서야 정상운
행에 들어갔다.

　군산에 이어 8월 19일 이리 시내 10개 택시 노동자들
도 파업농성을 벌였고 김제에서도 택시노동자 파업이 이
어졌다.

버스 노동자들의 동맹파업과 화물운송 노동자들의 파업

8월 10일, 전주 시내 신성, 전일, 호남, 제일여객 등 4개
버스 회사 노동자들이 전일여객 앞에서 임금 40% 인상,
일급제 폐지와 월급제 실시, 어용노조 퇴진 등을 요구하
며 파업농성에 돌입했다. 이 파업농성에는 시내버스 노
동자 500명 중 400여 명이 참여했다. 이와 동시에 시외
직행버스인 전북여객 노동자 100여 명도 공용터미널 안
에서 임금인상과 어용노조 퇴진 등을 요구하며 파업을 시
작했다. 그러자 동료 노동자, 여성 안내노동자, 남자 차
장 등이 합세해 농성 대오는 500여 명으로 늘어났다. 이

로써 8월 10일 전주 시내에는 택시 27개사, 시내버스 4개사, 시외버스 5개사 중 4개 사의 동맹 파업농성으로 전체 교통이 마비되었다.

한편 버스 파업은 타 지역으로 급격히 확산되어 전북여객 군산영업소 시내버스, 김제 안전여객, 군산·옥구 지역 54개 노선 시내버스와 김제 시내버스 45대, 시외버스 57대의 운행이 전면 중단되었다. 15일 농성 6일 만에 시내버스 노동자들은 '전국 도청소재지 평균 인상액 7월 1일 소급 적용, 상여금 200% 지급, 농성기간 기본급 지급' 등 6개항에 합의하고 모두 정상운행을 재개하였다.

한편 화물운송 노동자들의 투쟁도 함께 진행되었는데, 8월 11일 대한통운 군산지점 노동자들이 농성에 들어갔고 29일에는 전주 호남 정기화물 지입차주와 화물노동자 40여 명은 트럭 27대를 몰고 10여 분간 가두시위를 벌여 교통이 완전히 마비되었다.

전북지역 노동자 투쟁의 양상은 운수, 화학 등 남성 사업장의 진출이 두드러졌다는 특징이 있다. 특히 택시와 버스 노동자들의 동맹파업이 지역의 분위기를 이끌었다.

전북지역 노동운동의 중심은 단연 운수노동자와 중소기업 노동자들이었다.

광주 · 전남지역 노동자대투쟁

광주 · 전남지역의 투쟁은 광주에서 39건, 전남에서 67건 등 총 106건이었다. 당시 송정시(현 광주광역시 광산구)의 하남공단이 전남에 포함되어 있었던 것을 감안하면, 광주보다 전남에서 투쟁 발생 사례가 더 많았다고 할 수 있다.

광주지역 노동자 투쟁은 7월 하순경부터 100여 명 내외의 중소기업에서 집중적으로 터져 나오기 시작했다. 7월 20일, 금호타이어 하청기업인 트라이썬, 대하섬유를 시작으로 광우라디에타, 그랜드호텔 등에서 투쟁이 발생하여 지역 노동자 투쟁을 이끌었고, 8월 4일 호남탄좌 노동자들의 농성을 거치면서 금호타이어 등 대기업과 운수업계로 그 중심이 옮겨졌다.

일성섬유는 180여 명 규모의 중소기업으로 7월 30일, 노동자들이 '임금 50% 인상, 상여금 300% 지급'을 요구하며 농성에 돌입하자 회사 측은 노동자들의 요구를 받아

들일 수 없다며 전국 최초로 자진 폐업을 해 버렸다. 교섭 한 번 없이 바로 자진 폐업을 강행한 것은 그야말로 노동자들을 손톱의 때만큼도 여기지 않는 처사였지만 노동자들은 이에 제대로 대응하지 못했다. 노동자들은 사장 집을 방문해 공장 문을 다시 열어줄 것을 요청하고 노동부 광주지방사무소, 광주시청 등에 찾아가 중재를 요청했다. 사장은 노동자들의 요구를 외면하다가 사장의 파렴치한 행동에 대한 지역 여론이 나빠지자 "폐업이 사회적으로 큰 파문을 불러 올 줄은 몰랐다"며 폐업 방침을 철회했다. 이어 '상여금 100% 지급'을 약속하고 임금인상 문제는 사장에게 위임하기로 했으며, 노동자들 중 희망자는 모두 재채용하는 것으로 협상 아닌 협상이 타결되었다. 일성섬유 사례 이후 노동자의 정당한 목소리에 대한 자본의 위장폐업 전술은 전국적으로 확산되었다. 그에 맞서는 노동자들의 투쟁 또한 한층 더 처절할 수밖에 없었다.

중소사업장의 투쟁이 소강 국면에 접어들자 대기업 사업장에서 투쟁이 발생했다. 8월 6일 금호타이어 1천여 명의 노동자가 '민주노조쟁취대책위원회'를 만들어 어용노조 퇴진과 임금 및 상여금 인상 등 10개항의 요구를 내걸고 농성에 돌입하였지만 회사의 휴업 조치에 부딪혀 결국 투쟁은 작은 불씨만 남기게 되었다. 아시아자동차(현 기아자동차) 노동자 1천여 명은 8월 11일부터 조합사무실 앞에 집결하여 어용노조 퇴진, 기본급 25% 인상, 상여금 인상, 가족수당 등 요구를 주장하며 농성을 시작했으나 사측의 설득으로 농성 대오는 4시간 만에 해산했다. 일신방직은 8월 18일 '일신방직 민주노조 결성위원회'를 중심으로 농성에 돌입하였고 3일만에 15개항의 요구가 수용되면서 타결되었다.

이밖에도 광우 라디에이타에서는 노동자들의 농성에 맞서 회사 측이 농성 참가자 13명을 근무지 이탈이라는 사규 위반을 빌미로 해고하며 투쟁이 일단락되었으며, 삼면스텐레스 노동자들은 근속 장려수당을 현금으로 지급할 것 등 9개항을 요구하며 농성을 시작했으나 상여금 100%에 합의하면서 투쟁이 마무리 되었다. 또 송암공단 내 경동자동차 정비공업사 노동자, 광천공단 내 KM사(말

발굽 제조업체) 노동자, 하남전기 노동자, 광주어망 노동자들도 투쟁을 전개해 요구를 쟁취했다. 대우전자, 금성알프스, 삼전교역, 대명전자 등도 투쟁을 벌였으나 성과를 내지는 못했다.

광주지역 노동자 투쟁의 특징은 첫째, 가두시위보다는 사업장(공장) 내 농성으로 일관하고 있었고, 공장 내 민주노조운동의 역량이 극히 미약하여 어용노조를 퇴진시키지 못한 채 잠정적인 합의, 또는 조업과 협상을 병행하는 경우가 일반적이었다. 이렇게 소극적이었던 데는 1980년 광주민중항쟁의 공포와 후유증이 자리한 것으로 보여진다. 둘째, 타 지역과 달리 이 지역 대기업 노동자들의 투쟁은 활발하지 않았다는 점이다.

4.

사무전문기술직
노동자들의
노동조합 결성

사무전문기술직 노동자들의 노동조합 결성

해방 이후 한국 사회의 노동조합 조직률은 자주적으로 결성된 조선노동조합전국평의회(전평)만으로도 전체 노동자의 20%를 상회했다. 당시 전체 노동자는 250만으로 추산되는데 전평의 최대 조합원 수는 50만 명에 달했던 것이다. 그러나 미군정과 이승만 정권의 탄압으로 말미암아 자주적인 민주노조운동은 지하로 숨게 되었고, 반공 이데올로기기의 올무에 묶여 노조 활동은 경제투쟁의 일정 부분만이 법적으로 허용되었다. 그리하여 한국노총(전신 대한노총)으로 대변되는 노자협조적 노사관계를 강요 받아 왔고 특히 공무원은 현장직인 철도와 체신 부분에만 단결권이 허용되었으며 교원 노조도 불법화 되어 있었다.

1950년대 비제조업 분야의 노조는 체신, 철도, 전매, 해운, 전력 등 주로 공공 부문의 노동조합이었는데 그 성향은 지극히 어용적이었다. 1960년 4·19혁명으로 이승만 독재정권이 무너지자 1960년 4월 29일, 대구를 중심으로 교원노동조합 결성이 있었고, 1960년 6월 1일 조흥은행 노조 결성을 필두로 한 달 사이에 은행권 노조의 결성이 잇따랐다. 1960년 5월 15일에는 대구일보를 시작으로 연합신문(1960.6.10), 평화신문(1960.6.22)에 공무과 노동자들을 주축으로 노조가 결성되었다.

4·19혁명의 성과로 조성된 민주화는 잠깐이었다. 박정희 군사쿠데타에 의해 노동운동은 다시 침체기에 접어들었다. 사무전문직 노동자들에게 노조 결성이나 노동운동의 활성화는 기대하기 어려운 조건이었다. 제조업 노동자에 비해 상대적으로 나았던 임금과 근로조건, 사회

적인 대우, 생산직과 비생산직에 대한 정권의 분리 정책, 화이트칼라 노동은 비노동이라는 환상 등이 그 원인이라 할 수 있을 것이다. 이는 1980년대까지도 마찬가지였다. 예컨대 1987년 결성된 사무전문직노조의 조직 확대 과정에서 조합원들은 '내가 과연 노동자인가?'라는 화두와 씨름하며 수없이 토론을 했었던 것에서 보여지듯이 의식의 문제였던 것이다.

유신 치하에서는 1974년도에 동아일보 · 동아방송 노조의 결성이 있었다. 하지만 1975년 대규모 기자 해직 사태가 발생했고 이에 저항하는 몇몇 신문사 노조가 결성되었으나 노동조합 활동보다는 자유언론실천운동에 치중했고 군사독재정권의 억압으로 활동하기 무척 어려운 상황에 놓이게 되었다.

6월항쟁과 사무전문기술직 노동자들의 노동상황 변화

1980년대에 들어서도 박정희에서 전두환으로 바뀌었을 뿐 군사독재 정권이 지속되었지만 이른바 '제3의 물결'과 컴퓨터의 보급은 사무전문직 노동에도 많은 변화를 가져왔다. 산업의 고도화와 자동화의 진전은 사무전문직의 직무를 더 이상 사람 중심의 고난이도 노동 보다는 단순한 작업의 반복으로 변화시켰고 필요 인력이 축소되어 구조조정 대상으로 전락하게 되었다. 이런 가운데 사무전문직 노동자들 사이에서는 뭔가 바꿔봐야겠다는 의식이 싹트기 시작했고 저항의 기운이 고개 들기 시작했다. 여기에 1980년 광주민중항쟁에서 1987년 6월항쟁으로 이어지는 사회 민주화 투쟁도 영향을 끼쳤다.

차츰 사무전문직 노동자들도 자신들도 생산수단이 없는 임금노동자임을 깨닫고 사회와 직장의 변화에 관심을 갖게 된다. 당시 한국 민주주의에 있어 최대 과제는 박정희 정권이 만든 체육관 대통령을 전 국민의 손으로 직접 뽑는 대통령 직선제 쟁취였다. 최고 권력의 선출을 주권자인 국민에게 돌려주는 투쟁이었다. 박정희 독재에 이어 총칼로 집권한 전두환은 국민 우민화 정책을 통해 이념적 갈등을 덮으려 했고 급기야 1987년 4월 13일, 간접선거를 기반으로 대통령을 선출하는 기존 헌법을 유지하겠다고 선언했다. 이름 하여 4·13호헌 조치였다. 이런 가운데 1987년 초 박종철 고문치사 사건으로 분노한 국민들은 대통령 직선제 쟁취 투쟁을 전개하고 있었다.

1985년경 노동조합을 설립한 현대해상화재보험, 범한화재해상보험, 고려화재해상보험, 동양화재해상보험 등 제2금융권 노조들은 1986년 12월 31일 범한화재해상보험에서 발생한 쟁의부장 해고에 대응하는 복직투쟁을 연대농성(1987년 3월 2~8일)으로 해결했다. 이때 구축된 연대의 힘을 바탕으로 13개 노조는 4·13호헌 조치 반대 성명을 발표하고 서명 작업에 돌입한다. 상급단체인 한국노총이 4·13호헌 조치 지지 성명을 냈던 사실을 감안하면 이같은 사무전문직 노동자들의 노력은 큰 의미가 있는 일이었

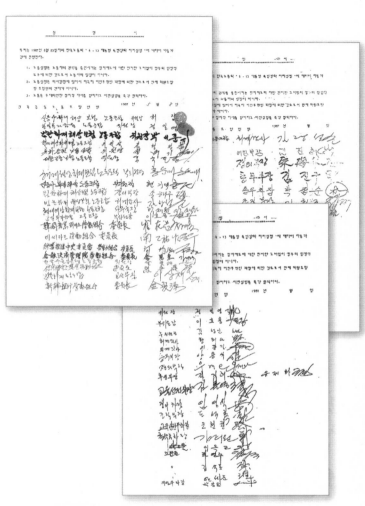

제2금융권노조들의 4.13호헌조치 반대서명

다. 사무전문직 노동자들은 6월항쟁에 적극 참여, '넥타이 부대'라는 별명을 얻었다. 사무전문기술직 노동자들은 최루탄이 난무하는 도심 거리에서 민주주의를 외치며 개별적 또는 그룹별로 민주화 투쟁에 참여해 전 국민의 저항선을 공고히 했다.

노동자대투쟁에 새롭게 등장한
노동자들

6월항쟁 참여를 통해 사회 민주화 및 직선제 쟁취 경험을 한 사무전문기술직 노동자들은 허구적인 중산층 의식, 고소득의 안정 희구 세력이라는 오명에서 벗어나 당당하게 노동자임을 선언하였다. 1987년 노동자대투쟁의 시발을 1987년 7월 5일 울산 현대엔진노조로 보는 것은 노동조합 결성과 함께 선도적인 투쟁을 전개했다는 데서 의미를 찾는 것이지만, 노조 설립만으로 보면 7월 2일, 농업협동조합중앙회노조가 앞서고 그 이전에 설립된 노조들도 존재한다. 노동자대투쟁 기간에도 사무전문기술직 노동자들의 노조 결성이 줄을 이었다. 1987년 말 서울시 집계에 따르면 6·29선언 이후 12월 19일 대통령 선거일까지 서울에서만 257개 노조가 결성되었는데 이 중 81.7%인 210개가 3차 산업 노동자로 분류되었다. 주요 조직으로는 대학교 직원, 백화점·쇼핑센터·호텔노동자, 항공사노조, 판매영업직, 병원, 연구전문기술노동자, 언론 및 방송사, 서울지하철을 비롯한 궤도노동자, 지역의료보험 등의 노동조합이었다. 그 시기는 아니지만 교사들도 노동자대투쟁에 힘입어 1989년 5월, 전국교직원노동조합을 건설하게 된다.

생산직 노동조합의 문제가 '주면 주는 대로 받는 것'이었다면, 사무전문기술직의 문제는 '시키면 시키는 대로'라는 것이었다. 생산직의 주요 이슈가 저임금, 낮은 근로조건, 비인격적 대우의 해결이었다면 사무전문기술직의 문제는 군에서 제대한 인력 또는 기업주의 친인척이 낙하산 인사로 내려오는 문제라든가, 불공정한 인사 문제, 학력 차별, 성차별, 업무상의 비리 문제 등이었다.

6월항쟁에서 교훈을 얻은 사무전문기술직노조들은 노동조합의 단결된 힘으로 '직장의 민주화'를 실현하기 위해 조직되었다고 할 수 있다. 짧은 시간에 노동조합 설립이 폭발적으로 이루어지고 몇몇 사업장을 제외하고는 큰 탄압 없이 노조 설립과 교섭을 할 수 있었던 데에는 '선투쟁 후 교섭'의 정국을 만든 생산직 노동자들의 힘이 컸음을 부인할 수는 없다. 정권도 생산직과 비생산직 간의 분리 대응으로 노동자들의 큰 단결을 저해하며 전국 단위 연대조직의 분리 건설(전국노동조합협의회 1990년 1월 22일 결성, 전국업종노동조합회의 1990년 5월 결성)을 유도했다.

1987년 노동자대투쟁 과정에서 새로 등장한 사무전문기술노동조합들은 먼저 대학교 직원 노동조합을 들 수 있다. 1987년 8월, 한신대노조 결성을 필두로 1년 사이 37개 대학교 직원 노조가 결성되었다. 대학교 직원들이 노동조합을 결성한 것은 대학 행정을 책임지고 있는 자신들도 학생, 교수와 함께 교육의 주체임을 선언한 것이다. 한국 사회에서 가장 보수적이고 권위적인 집단 중에 하나가 대학이었다. 국립대는 정부의 행정 지시에 충실해야 하고, 사립대는 재단의 비리와 횡포에 절대 순종해야 했다. 사정이 이러했기에 대학교 직원들의 노동자 선언은 사회적으로 민주주의를 확산시키고 사회 곳곳에 만연한 권위주의와 비민주적 요소들을 뿌리뽑는다는 큰 의미가 있었다. 그러나 직원들 스스로가 학생 시위를 막기 위해 동원되던 과거가 있고 문제 학생을 감시하는 역할을 했었기에 노동조합 결성 후 용어(동지, 민주, 반독재 등) 사용에 있어 조합원 간 갈등이 여러 차례 발생되기도 했다. 하지만 사측과의 교섭과 활동 과정에서 탄압을 받으면서 스스로 의식화되고 노동자 의식을 성장시키는 가운데 이러한 갈등은 자연스럽게 해소되었다.

백화점·쇼핑센타·호텔·항공사노조는 노동자들의 직종, 학력, 연령대가 다양하여 단결의 구심을 세워내기가 쉽지 않다. 백화점의 경우 비록 저임금 구조이나 노동자들이 취급하는 상품은 사치품이고 화려한 근무 환경 속에서 일하다 보니 노동자 의식이 취약한 편이었다. 또한 서비스직이 특수하다는 의식 때문에 집단행동에 대한 거부감도 존재했다. 그러나 노동조합 활동을 통해 자신들이 거부했던 '투쟁'이 자신들의 가장 큰 무기임을 깨닫게 되면서 일상 활동을 통해 직종간의 갈등은 해소하고 조직력 강화에 주력한다. 그 시기 설립된 노조는 힐튼호텔, 뉴코아백화점 등이다.

대한항공, 일본항공, 노스웨스트, 말레이시아항공, 에어프랑스, 플라잉타이거, CX 등 항공사노조의 설립도 줄을 이었다. 특히 외국계 항공사의 정규직/비정규직의 차별, 외국 노동자와의 차별로 불만을 느낀 노동자들의 노조 결성이 이어진 것이다. 다만, 조종사들은 청원경찰권과 복수노조 금지로 노동조합 설립이 안 되다가 2000년에 와서야 대한항공조종사노조를 시작으로 노동조합 결성이 되었다.

1987년 노동자대투쟁 과정에서 결성된 노동조합 중 중요한 부분은 병원노동자의 노동자 선언이었다. 1987년 이전에는 세브란스 노조 등 몇몇 노조가 존재했지만, 1987년 8월 1일, 서울대병원노동조합의 설립을 시작으로 120개 노조가 결성되었다. '백의의 천사' 같은 말에서 잘 드러나듯이 사회적으로 병원노동자들은 '봉사직'으로 간주되었다. 그래서 근로기준법이 무시되고 열악한 교대제 근무 환경을 감내해야 했으며 병원 내부 다양한 직종 간의 대립되는 이해관계 가운데 횡행하는 인격적인 차별에도 불구하고 불만을 드러내거나 환경을 개선하기가 쉽지 않았다. 단체행동도 환자를 볼모로 자신들의 이익을 추구한다는 비난 여론을 감수해야 하는 어려움이 있지만,

서울대병원노조 설립보고대회

서울대병원노조 단체교섭준비대회

병원노동자들의 노조 결성은 노동자가 의료서비스의 주체이며 노동권의 확립이 더 나은 서비스를 제공하는 기초가 됨을 분명히 하였다. 병원노동자의 노조 설립은 진정한 민중의료를 실천하고 공공의료를 사수하는 단초를 열었다고 할 수 있다.

병원노동자들과 밀접한 관련을 갖고 있는 지역의료보험노동조합의 설립도 지역의료보험이 실시되기 전인 1987년 노동자대투쟁 기간부터 준비되기 시작하였다. 공무원과 직장인을 대상으로 하던 의료보험은 1988년 농어촌, 1989년 도시지역으로 확대되어 1989년 7월 1일자로 전국민 의료보험 시대가 열리게 되었다. 초기 지역의료보험은 지역별 공단체계였다. 전국에 200여 개가 넘는 조합이 만들어지고 군과 관료 출신들이 조합장을 차지하였고, 노동자들은 사무실도 없이 동사무소의 한 구석에서 20만 원도 안 되는 저임금을 감수하며 의료보험조합 설립 준비에 매진하였다. 지역의료보험의 노동조합 설립이 사회적으로 큰 의미를 가지는 것은 시군구별로 쪼개진 조합을 노동조합이 통합해 내고 또 직장의료보험과의 통합을 통해 지금의 건강보험공단을 만들었다는 것이다. 이들은 노동조합을 설립할 때 단위 사업장별이 아닌 지역별로 만들었고 전국적인 협의회를 구성하여 활동했으며, 단일노조 건설과 함께 의료보험 통합의 선두에서 투쟁하였다. 1988년 10월 30일 경기지역을 시작으로 8개 도 지역 단위노조를 결성, 1989년 5월 3일 인천노조를 시작으로 4개 광역시 단위노조를 결성하고 1989년 10월, 마침내 전국을 아우르는 지역의료보험노동조합 전국협의회(지노협)가 결성됐다. 그후 노동조합으로 발전하였으나 직장의료보험노조는 한국노총에, 지역의료보험은 민주노총 소속으로 활동하다가 2003년 조직적 통합을 결의, 통합된 건강보험노조를 결성하였다.

'남한 사회 최대의 지하조직'이라는 서울지하철노조도 1987년 8월 12일 설립되었다. 서울지하철노조는 주요한 시기 선도적인 투쟁과 연대투쟁에 앞장섰고 부산지하철도 견인했다. 서울지하철노조의 노래 '해방역에 닿을 때까지'의 노랫말처럼 '천만 노동자의 기관차' 되어 민주노조의 모범을 보였던 것이다. 철도노조가 어용노조였던

지하철 노조 드디어 결성되다.

1987년 8월 12일

오늘 우리가 그동안 천대 받아왔고 휴식시간이 없는 작업장에서 기계의 부속품처럼 서비스업이라는 이름아래 민주적 양심을 감추게 하고 갖은 인간적인 수모를 당하면서 일해왔던 우리 근로자는 번뜩이는 감시의 눈초리와 불신의 벽을 부셔버리고 굳게 단결하여 정당한 대우를 받는 근로자가 되어야 한다는 뜨거운 마음을 모아 마침내 우리 서울 지하철공사의 노동조합을 결성하여 그장도의 첫 발을 내딛게 되었습니다. 1주에 48시간이라는 법정근로시간은 어디로 가고 90시간이 넘는 근로를 시키고도 가능직. 고용직의 기본급을 일반직의 기본급 저 밑에 두어 실질임금을 적게하는 교묘한 방법으로 신성한 노동력을 착취해 왔고 본사직원은 시원한 에어컨 속에서 근무하면서 찜통같은 지하에서 선풍기조차 제대로 없는 잠자리를 뒤척이게 하고 위험요소가 상재해있어 벌써 현장에서 죽어간 동료가 있는데도 그에 대한 보상을 제대로 하지 않고 평생 회사를 위해 일해도 밝은 앞날을 보장받지 못하는 이런 여건에서 어찌 우리의 가슴에 맺힌 한과 분노를 말로 다 할수 있겠읍니까? 우리 지하철 현장 근로자 여러분!

우리 스스로가 떨치고 일어나지 않으면 누가 우리의 정당한 도구 정당한 권리를 찾아줄수 있겠읍니까?

그것은 오직 우리들 자신만이 할수 있는 일이 아니겠읍니까?

우리 한사람 한사람의 작은 목소리를 모아 뜨거운 마음으로 굳게 뭉칠 때 우리의 권리와 권익을 찾을 수 있다고 봅니다.

이를 위한 첫걸음으로 오늘 우리는 서울 지하철 공사의 노동조합 이라는 금기시 되었던 성역을 깨고 그 웅장한 첫발을 내딛게 되었습니다.

그러나 큰힘을 발휘하기 위해서는 아직 우리의 조합은 미약한 점이 한두가지가 아니라고 봅니다. 우리 모두가 인간답게 사느냐 짐승이나 기계의 부품처럼 사느냐의 중요한 기로에서 모두가 동참하여 한몸이 될때 어떤 탄압과 고난이 닥쳐와도 우리의 권익 보장기구인 민주 노동조합이 굳건히 자리를 잡고 대시민 봉사를 하는 진정한 공익기관이 되리라고 봅니다.

지하철 근로자 동지 여러분

지금은 해봐야 안된다는 세념과 좌절로 얼룩진 지난날을 떨쳐버리고 떳떳한 남편 자랑스런 아버지 의리있는 동료로서 새출발할 때 입니다. 자! 민주화의 물결이 힘차게 밀려오는 이 시점에서 우리 모두가 조합에 가입하여 힘찬 내일을 설계할 수 있는 노동조합이 되도록 합시다.

서울지하철공사 노동조합 위원장

시기에는 철도노조 민주화 추진 세력과의 연대를 통해 철도노조 민주화를 지원하고, 궤도노동자들의 총단결과 투쟁의 구심으로 자리매김하였다. 직제개편에 의한 차별철폐와 직장 내의 군사문화 척결을 내세우며 시작한 노동조합은 이후 어용 세력과의 갈등과 좌절도 있었고 세대교체(1세대의 정년퇴직과 신규인력 급증)의 어려움도 있었지만 여전히 민주노조의 정통성을 지키고 또 새로운 도약을 하기 위해 노력하고 있다.

1987년 노동자대투쟁에서 주목할 만한 노동조합의 설립은 홍릉을 중심으로 한 정부출연연구기관인 산업연구원, 전자통신연구소, 한국과학기술원(KAIST) 등의 노조 결성이었다. 노조 설립 이전에는 정권의 요구에 맞춘 이론적 근거를 만들기에 급급했던 인문사회출연연구기관과 국책 과제에 충실할 수밖에 없었던 과학기술출연 연구자들이 '자율 연구'를 외치며 노동조합을 결성하고 투쟁한 것이다. 당시 언론에서는 석·박사들이 노조를 만들었다고 기사가 나서 세간에 화제가 되었다. 1987년 8월부터 한국과학기술원을 시작으로 노동조합을 결성하고 1988년

3월 12일에 연구전문기관 노조협의회를 구성하였는데 이
협의회에는 25개 정부출연연구기관 중 16개 노조와 5개
경제사회단체 노조가 참여했다. 특히 경제단체는 상공회
의소, 무역협회 등으로 자본의 심장부에서 일하는 노동
자들의 노동자 선언이라 큰 의미를 갖게 하였다.

마지막으로 사회 변혁에 큰 기여를 한 언론사노조의
등장이었다. 노동자대투쟁의 파도가 휩쓸고 지나간 후인

1987년 10월에 한국일보사에 노동조합이 결성되면서 언론사노조의 설립이 잇달았다. 그 중에서도 방송사 노조는 1987년 12월 9일 서울문화방송을 시작으로 1988년 1월 기독교방송, 5월 20일 한국방송공사노조가 건설되었다. 방송·신문 등 언론사 노조는 언론을 사유화하려는 권력의 야욕에 맞서 싸워 왔고 지금도 공정방송 사수의 중요한 주체로 활동하고 있다.

시기적으로는 조금 벗어나지만 한국 사회 변화에 가장 큰 영향을 미친 교사들의 전국교직원노동조합(전교조) 결성도 노동자대투쟁의 큰 산맥과 이어져 있다. 6월항쟁과 노동자대투쟁을 경유하면서 교사들은 전국교사협의회를 결성함으로써 전국적 교육운동의 틀은 갖추게 된다. 하지만 교사협의회 조직 형태로는 교사 대중의 요구를 담아낼 수 없었다. 노동자대투쟁을 목격하면서 참교육을 고민하던 이들 교사들은 노동3권이라는 법적인 보장을 받는 교원노동조합에 관심을 갖게 되었다고 한다. 치열한 논의 과정과 조직화의 시간을 거쳐 마침내 교사들은 1989년 5월 28일 전국교직원노동조합을 결성했다. 비록 그 과정에서 1500여 명이 해직되고 10년 간의 법외노조의 시대를 거쳤지만 전교조는 이 나라 건강한 노동자의 재생산과 참교육을 지향하는 교육개혁에 지대한 공헌을 했다. 무엇보다도 중요한 점은 자라나는 세대들에게 선생님도 노동자임을 분명하게 몸소 가르쳐 주었다는 것이다.

사무전문기술직 노동조합의
의미와 과제

오랜 시간 중산층으로, 허울 좋은 화이트칼라 노동자로 살던 사무전문기술직 노동자들이 노동조합을 결성하고 노동계급의 일원으로 합류하였다. 이들은 노조 결성과 단체협약 체결과정에서 노조 불인정, 징계·해고의 탄압을 받은 사업장도 일부 있었지만 대부분의 사무전문직노동조합은 비교적 희생 없이 노동조합을 인정받고 단체협약을 체결하였다. 이후 공공부문과 사무전문직들은 제조업 노동자와 함께 사회변혁 투쟁의 한 몫을 담당하고 있다.

사무전문기술직 노동조합 활동은 노동자로서 기본적으로 수행해야 할 투쟁 외에 자신들이 일하는 영역에서의 공공적 과제가 있다. 병원노동자의 의료공공성, 언론의 공정보도, 연구전문기술인력의 과학기술정책·자율연구 쟁취, 궤도노동자들의 시민 편리와 안전한 교통권 확보, 전교조의 참교육, 통신의 보편적 서비스 확대, 의료보험

노동자들의 사회보장 확대 등의 과제를 책임지며 투쟁해야 하는 것이다. 이러한 과제는 자칫하면 노동권과 충돌할 수 있는 의제들이라 좀 더 강고한 노동자 의식의 바탕 가운데 추구해야 할 과제들이다.

사무전문기술직 노조들은 탄생과 함께 직장의 민주화를 화두로 삼고 투쟁하였다. 사회민주화를 위한 6월항쟁의 주역으로 참여하였던 노동자들은 자신들의 직장 민주화를 위해 노동조합을 결성하고 투쟁한 것이다. 임금과 근로조건의 향상은 물론이고 공정한 인사와 민주적인 경영이 활동 목표가 될 수밖에 없었으나, 이러한 의제들은 노동자들의 의식과 단결된 투쟁 없이는 협조적 노사관계로 빠지거나 어용화 될 수 있는 지름길이다. 이런 위험성을 자각하고 일상 활동을 통해 노동자 의식을 강화하는 것만이 노동조합 결성의 목표를 실현하는 길이다. 또한 노동조합의 자주적이며 민주적 운영과 연대와 투쟁의 정신으로 무장하는 것이 제조업/비제조업의 허구적인 차별성을 극복하고 '노동자는 하나다'는 명제 아래 하나로 뭉칠 수 있는 길일 것이다.

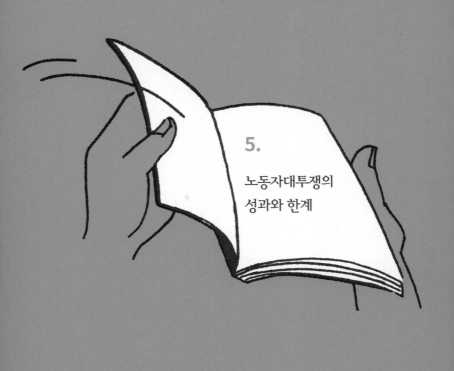

5.

노동자대투쟁의
성과와 한계

노동자대투쟁의 성과와 한계

노동자대투쟁의 성과

노동자대투쟁의 가장 큰 성과는 노동자 의식이 성장하고 계급으로서의 노동자 인식이 형성되기 시작했다는 것이다. '노동자는 하나다', '기계를 멈추면 세상이 멈춘다', '이 세상의 주인은 노동자'라는 인식 자체가 노동자대투쟁으로부터 비롯된 역사적 성과라고 할 수 있다. 즉, 정치, 경제, 사회, 문화 등을 노동자 계급적 관점에서 이해한다는 것이 무엇보다 큰 성과로 꼽을 수 있다.

노동자대투쟁의 성과를 부분별로 일별해서 좀 더 자세히 살펴보도록 하겠다.

노동조합 조직 확대와 노동운동 질서 재편

1987년 이후 노동운동은 제조업, 생산직에 국한되지 않고 점점 그 폭을 넓혀갔다. 실제로 노동자대투쟁 전인 1986년 말 기준, 노조 수는 2,658개, 조합원 수는 103만 6천 명으로 조직률은 15.5%였다. 그러나 노동자대투쟁 이

후 노동조합운동이 활성화되면서 노조 수와 조합원 수가 급증해, 1988년에는 노조 수 6,142개, 조합원 수 170만 7천 명, 조직률은 22%였다. 노동자대투쟁은 단기간에도 노동의 조직률이 6% 이상 높아질 수 있다는 살아 있는 증거이다.

노동자대투쟁 이후 조직 확대는 미조직 사업장의 조직화가 빠르게 확대되면서 나타났다. 투쟁하는 제조업 현장에서는 물론 언론, 병원, 정부출연기관, 대학, 유통부문 등과 사무직종 등에서 진행된 노조조직화는 노동운동의 판도를 크게 변화시켰을 뿐만 아니라 노동운동의 영역을 한층 더 확대시켰다.

한편, 노동자대투쟁 이후 노조 조직의 확대에 따른 노동운동의 전체적인 구도 변화와 함께 민주노조운동의 발전 역시 노동운동의 지형 변화를 가져왔다. 민주노조운동은 한국노총 주도의 기존 노조운동과 구별되는 새로운 흐름을 형성했고, 노동운동의 주축으로서 자기 역할을 하게 하였다. 어용노조 민주화, 신규노조 건설, 한국노총 탈퇴 노조들은 1987년 말부터 지역, 산업(업종), 재벌그룹 등 별도의 조직으로 결집하였다. 지역노조협의회(지노협)들은 지역연대투쟁의 성과를 모아 전국노동조합협의회(전노협)로 결합되고, 산업별 또는 업종별 협의체는 노조연맹

체로 개편되었으며, 그룹협의체는 전국민주노동조합총연맹(민주노총) 결성 과정에 합류하면서 발전적으로 해체되었다. 민주노총 건설은 조선노동조합전국평의회 때부터 이어진 노동운동의 계승이자 1987년 노동자대투쟁으로 조직되고 발전한 민주노조운동의 집약된 성과였다.

노동자는 하나다

계급성의 측면에서 성과를 살펴보면, 1987년 노동자대투쟁은 개별 사업장에서 자발적이면서도 고립, 분산적으로 시작되었다. 투쟁이 발전해 감에 따라 점차 연대를 강화하며 공장 담장을 넘어 지역별 투쟁으로 발전했으며 지역 연대를 통해 전국적으로 노동자대투쟁이 전개되었다. 공장과 공장 간은 물론 지역과 전국을 연결할 공식적 연결망이 전혀 없었음에도 노동자 투쟁은 그렇게 번져 갔다.

자본의 이념 공세와 외부세력 개입 주장에 대해 "노동자는 하나다"라는 창원 통일 노동자들의 외침은 흩어진 개별 노동자를 계급적으로 단결시켰다는 사실을 잘 보여준다. 특히 기업별 노조체계로 찢겨져 있던 한국의 노동조합운동에서 계급성을 확보한다는 것은 노동운동의 전망과도 깊은 관련이 있다. 투쟁의 경험을 통해 '노동자 투쟁에 연대하는 사람이나 공권력에 맞서는 이쪽은 동지이고 노동자계급이며, 반대편에 선 자들은 지배계급'임을 계급적 직관을 통해 인식하는 과정이 1987년 노동자대투쟁이었다. 따라서 노동자대투쟁은 다른 사업장 노동자들과 연대투쟁을 통해서, 거리투쟁을 통해서 동지적 애정을 배웠고, 이런 과정들이 민주노조운동의 정신에 계급성을 자리매김하는 바탕이 되었다.

삶의 질은 투쟁에 비례한다

노동자대투쟁에서 가장 집중적이고 두드러진 요구는 '임금인상', 상여금인상(신설) 등이었다. 1987년 최저생계비는 2인 가족 328,310원(금속노련), 4인 가족 457,000원(광산노련)이었다. 제조업 노동자들의 기본급 초임은 직종별 차이가 있지만 10만 원(8~15만 원) 정도로 책정돼 있었는데 1986년 당시 제조업 노동자 평균임금은 294,500원이다. 잔업을 아무리 해도 최저생계비에 못 미친다는 결론이다. 이런 상황에서 잔업, 특근 등 장시간 노동은 자본가의 요구 이전에 노동자들이 적정 수준의 생활을 영위하기 위해 선택할 수밖에 없었던 나름의 고육지책이었다. 바로 이러한 생존의 위기 상황 때문에 임금인상 요구가 가장 절박하게 터져 나왔다. 따라서 노동자대투쟁이 노동자계급의 삶의 질에 있어 어떤 결과를 낳았는지 살펴볼 필요가 있다.

1987년 노동자대투쟁이 본격적으로 점화된 시기는 8월인데 당시 대부분의 임금인상 시점은 상반기(3월)였다. 노동자대투쟁은 하반기에 시작되었기 때문에 1987년 임금통계에 거의 반영되지 않았다. 1988년에 집계한 한국개발연구원(KDI) 자료를 보면 제조업 1987년 4.4분기 임금인상률이 20% 이상이라고 보고되었다. 대투쟁 시기에 100% 임금 인상한 곳도 여러 곳 있었다. 또 상여금

인상(신설)과 기타 수당들을 포함하면 사업장별로 차이는 있지만 통상임금 상승률은 기록적이라고 봐야 한다. 1980~1986년의 연간 임금인상률이 한 자리(5~7%)를 넘기지 못했다는 사실에 비추어 보면 노동자대투쟁에서의 20% 인상은 3년 치의 임금인상과 맞먹는다. 이러한 삶의 질의 개선은 노동자 투쟁의 치열함에 비례했다.

하지만 이렇게 높은 임금인상률에도 불구하고 과거 형편 없던 임금 수준을 감안하면 여전히 노동자들의 처지는 가난했다. 잔업, 특근을 하지 않으면 생활이 어려운, 장시간 노동의 상황은 타개되지 않은 것이다.

노동자도 인간이다

1987년 노동자 투쟁의 요구 중에 주요하게 제기되었던 문제 중 하나는 차별 철폐와 노동자의 기본권 쟁취였다. 그것은 자본가들의 병영적 통제와 규율에 대한 도전인 동시에 노동자들의 기본권을 되찾는 과정이었다. 정문에서

부터 복장과 두발을 단속하는 이런 반인권적 현장 통제의
바탕에는 '자본은 주인, 노동자는 종'이라는 봉건적 인식
이 깔려 있었다. 노동자가 인간으로서의 기본권을 주장
하면 빨갱이로 취급받았고 '공돌이'와 '공순이'라는 호칭
에는 저주의 의미까지 담겨 있었다. 부천지역 어느 노동
자의 말처럼 "개들도 먹지 않을 식당 밥"을 주면서도 자
본은 노동자들에게 '가족'이라고 '한 식구'라고 우겼지만

속으로는 '노예'로, 돈 벌어다 주는 '기계'로 여겼다.

그러나 노동자대투쟁은 이렇게 비인격적이고 야만적인 자본의 행태에 말로 설명하거나 설득하는 것이 아니라 당당하게 투쟁으로 맞섰다. 자본으로서는 상상조차 할 수 없는 황당한 상황이 연출된 것이다. 사장과 협상 테이블에 대등하게 마주 앉고 상사의 부당한 요구에 항의했으며 회사의 잘못된 지시에 반발했다. 노동자대투쟁은 노사관계를 주인과 몸종이 아닌 대등한 관계로 재설정 했으며, 노동자가 생산의 주역인 동시에 이 사회의 주인이라는 사실을 파업투쟁을 통해 확인시켰다.

공동체의 상징 노동자 문화

노동자대투쟁은 노동자 문화를 정착시키는 과정이기도 했다. 투쟁의 초기에는 대중과 함께 일체감을 조성하기 위해 '아리랑 목동'과 '진짜사나이' 같이 대중적으로 알려진 노래를 불렀지만 점차 '노가바'(노래 가사 바꿔 부르기)와 노동가요, 민중가요를 불렀다. 노래를 부르면서 자연스럽게 노랫말을 되새겼고 서로의 고단한 삶과 처지를 아파했으며 단결을 고취하는 동시에 지향을 공유해 나갔다. 노동가요 한 곡을 함께 목청껏 부르는 것이 몇 시간의 교육보다 효과적이었다. 아울러 지금까지 살면서 접했던 지배적 문화는 개별적 향락 문화와 외래문화일 수는 있어도 공동체적 노동자 문화와는 거리가 멀었다는 사실도 인식하게 되었다.

파업투쟁에서 노동자 문화가 자리 잡을 수 있었던 데에는 '노동자는 함께 싸워야 한다'는 공동체 인식이 문화와 연결되었기 때문이다. 일체감과 통일성을 높여주었던 율동·풍물·노래·미술·연극·문학·탈춤 등의 다양한 문화 활동이 투쟁을 지탱하게 해 주는 힘이 되었으며 그 문화가 바로 노동자 문화임을 알게 되었다. 아울러 서로 'ㅇㅇ씨'로 부르는 게 아니라 '동지'라고 부르면서 '공돌이'와 '공순이'도, '근로자', '사원', '산업역군'도 아닌 하나의 노동자로, 노동자계급으로 자신과 서로를 인식하는 계기가 되었다.

노동문화를 보급하고 운동으로 승화시킨 것은, 이 시기 노동자 문화운동을 했던 학생 출신들이 지역에 공간을 만들고 현장으로 들어가 활동을 확장했던 영향이 컸다.

문화운동은 단순한 문예적 기량을 전수하는 운동이 아니었다. 그보다는 노동자 의식을 찾아가는 운동이었다. '노동자는 누구이며 왜 싸우지 않으면 안 되는가'라는 의문을 제기하고 그 해답을 찾기 위해서 공동체를 구성하고 진지한 토론을 이어갔다. 그렇게 구성된 문화단위는 거리와 투쟁현장에서 선봉대 역할을 자임하기도 하고, 선동을 통해 노동자 대중이 투쟁으로 떨쳐 일어나는데 자신감을 부여하기도 했다. 뿐만 아니라 상황이 어려운 공장에서 민주노조운동에 대한 거부감이 있는 경우, 노동자 문화를 통해 자연스럽게 노동자 의식을 고취하며 어용노조를 민주화 시키는 데에도 결정적 역할을 했다. 노동자 문화는 노동자 조직화의 최선봉에 서 있기도 했던 것이다. 때문에 지배계급이 가장 싫어했던 것이 노동문화였고 회사 임원과 정부 관료들은 풍물소리만 들어도 지레 질겁했던 것이다.

세상의 주인은 노동자, 노동자 정치세력화

전국을 뒤흔든 노동자계급의 투쟁을 영화나 책이 아닌 실재하는 현실에서 목격하면서 민주노조 세력과 활동가들은 감동으로 대투쟁을 맞았다. 어떤 사람들은 '혁명은 미래의 꿈이 아니라 현실'로 받아들이며 흥분을 감추지 못했다. 활동가들은 정치의식과 노동운동의 결합을 목적으로 하고 투쟁현장으로 달려갔다. 이들과 함께 선진 노동자들은 투쟁 과정을 통해 소모임이나 현장조직을 만들고 학습으로 자신을 더욱 단련시킨다. 투쟁 현장에서는 각 그룹을 통해 지역의 투쟁 상황을 공유하고 노동자계급의 미래에 대한 고민을 나눈다. 평소와 달리 투쟁 공간에서는 구조적 모순과 체제에 대한 이해가 빠르게 이해되며 지배계급과 노동자계급의 경계도 분명해진다. 그렇게 되자 자본주의 본질과 그들이 주장하는 '회사는 가족', '한식구' 같은 소리는 억압하고 착취하기 위한 변명에 지나지 않았다는 사실을 깨닫게 되었다. 나아가 1987년에 존재하던 정치세력들은 한 줌 독점자본의 시녀였음을 이해하게 되었다. 노동자대투쟁에 대한 정치 집단들의 입장을 노동자의 눈으로 비판하며, 민주노조의 당위성과 노동자 정치세력화의 필요성에 대해 고민을 모으게 된다. '진정한 민주주의가 무엇이고', '노동자가 누구이며, 이 세상의 주인은 누구인가?'라는 물음을 통해 노동정치의 필요성을 공감했다. 나아가 '노동자가 앞장서서 노동해방 쟁취하자'는 외침을 통해 민주노조운동의 정신은 변혁지향이며 노동자정당(진보정당)은 변혁노선일 수밖에 없다는 결론은 자연스러운 것이었다.

그 이후 전노협과 민주노총이 강조했던 정치세력화에 대한 논의는 '노동법 개악 저지 총파업'을 거치며 1997~1998년 구체화 됐고 마침내 진보정당(민주노동당)을 만들었다. 민주노총은 이 정당에 배타적 지지까지 천명했다. 하지만 그 이후 여러 사건과 우여곡절을 거치면서 변화된 정치 정세는 매우 복잡하게 얽혀 있으며 풀어야 할 과제도 산적해 있다. 그러나 이 과제는 노동조합의 과제로만 볼 수 없으며 노동운동 진영을 비롯한 진보정치 세력의 책임이 더 무거울 수 있다.

노동악법 철폐와 노동법 개정 투쟁의 출발

1987년 노동자대투쟁은 앞의 특징에서 제기되었던 법을 무시한 투쟁이었다. 노동자들이 노동악법 철폐를 외쳤을 뿐만 아니라 일부 쟁의조정법, 근로기준법 등은 이미 무력화 되어 버린 것이다. 지배계급은 노동법을 손질하지 않을 수 없는 상황에 직면한 것이다.

투쟁 속에서 생겨난 민주노조들이 전국 수준으로 조직화되지 못한 상황에서 정권과 자본은 법 개정을 서둘렀다. 7월부터 법 개정을 준비하던 정부는 최소한의 개혁 조치만을 포함하는 법 개정을 실시했다.

주요한 개정 내용에는 헌법상의 '단체행동권의 유보조항 삭제와 제한 범위 축소', '노조설립 요건을 완화하는 조치', '남녀고용평등법 제정'이 있었다. 근로기준법은 '임금채권변제 신설'과 '변형근로제 폐지', 또 노동조합법에 있어서는 기업별 조합에 한정한 조직형태를 자유설립주의로 전화하였다.

하지만 이런 조치들에도 불구하고 이 노동법 개정은 '노동법 개악'으로 평가할 수 있다. 그 이유는 '복수노조 금지', '제3자 개입금지', '노조의 정치활동 금지', '공무원 교원의 단결 금지' 이른바 4대 악법 조항을 유지하고 공익사업장에 대한 직권중재 등의 기타 통제 조항을 유지했기 때문이다. 결론적으로 작은 떡고물은 베풀지만 구조적이고 제도적인 억압 장치는 존치하겠다는 의도가 담긴 법 개악이었다. 따라서 노동자대투쟁 분위기에 따른 노동법 개정의 성과는 투쟁의 파고에 비해서 너무 미약했다.

1988년 민주화 가면을 쓴 노태우 정권이 출범하면서 민주노조 진영은 '전국노동법개정 투쟁본부'(전국투본)를 구성하여 노동자대투쟁의 맥을 이으며 노동법 개정 투쟁에 돌입하였다. 1988년 11월 12~13일 연세대학교 노천극장에는 전국에서 5만 명의 노동자가 모여 "노동악법 철폐하고 노동해방 앞당기자"는 구호를 외치고 '노동해방'이라는 혈서를 쓰며 결의를 다졌다. 그러나 12월, 여야 합의로 노동관계법 개정안이 국회를 통과하였으나 그 미진한 개정안조차도 1989년 대통령의 거부권 행사로 폐기되고 말았다.

1988년 전국노동자대회는 노동법 개정을 이루어내는 성과로까지 이어지지 못했지만 '전태일 열사의 정신 계승'과 '전국 노동자 연대'를 형성함으로써 민주노조의 전국 조직을 만들기 위한 토대를 구축한 성과가 있었다.

노동자대투쟁의 한계

노동자대투쟁은 성과만 있는 것이 아니라 한계 또한 존재한다. 그러나 그 한계는 노동자대중들의 몫이라기보다는 선진 노동자와 활동가들, 민주화운동을 표방한 정치 세력의 몫이라고 할 수밖에 없다. 대투쟁이 6월항쟁의 계승이었듯이 대투쟁의 한계는 6월항쟁 한계의 연장선에 있다.

우선 대투쟁에서는 투쟁 방향이 뚜렷하지 않았다. 대중조직 및 투쟁과 관련하여 운동 경험이 부족한 많은 활동가들은 때로는 한 달 가까이나 진행되는 수많은 투쟁 속에서 운동이 추구해야 할 내용과 방향을 적시하지 못한 채 표류하고 있었다. 그 결과 투쟁의 강렬함에 비추어 노동자들의 정치적 인식과 진출은 만족스러운 수준에 이르지 못하고 있었다. 이로 인해 장기간 휴업, 단체교섭 불응이라는 자본 측의 횡포 앞에서 주체적으로 극복하지 못한 채 노동자 내부를 분열시키는 책동에 조직적이고 적극적으로 대응하지 못한 측면이 있다. 이에 더하여 어떤 사업장에서는 자본과 권력의 역선전으로 인해 학생운동 출신 노동자들을 감금하거나 경찰에 넘겨주는 가슴 아픈 사례도 생겨났다.

노동자대투쟁에 대한 지배권력의 대응은 짧은 기간(3개월)에 많은 변화를 몰고 왔다. 초기에는 폭발적인 노동자 투쟁 상황에서 자본은 당황했으나 전열을 가다듬은 이후엔 장기휴업을 하거나 단체교섭에 무조건 불응하는 태도를 보였다. 생산과 수출의 타격을 감내하면서까지 말이다. 동시에 해고자를 비롯한 민주노조 세력에 색깔론을 뒤집어 씌움으로써 용공·좌경으로 규정, 노동자들과 분리시키고자 했다. 그리고 이석규 열사 투쟁이 전국으로 확산되자 전열을 재정비(관계기관대책회의)하고 본격적인 탄압을 개시하였다. 현대중공업, 대우자동차의 경우 무차별 탄압을 개시하면서 활동가들에 대한 연행, 구속 및 공권력 투입을 서슴지 않았다.

이러한 급속한 반전이 왜 일어났을까를 생각해 보는 것은 대투쟁의 한계를 되새겨보는 것이기도 하면서 앞으로 과제를 풀어나가기 위함이다. 이를 자본과 권력의 측면과 노동자계급의 측면으로 나누어 판단해 보기로 하자.

우선, 지배계급의 측면에서는 짧은 기간 동안의 후퇴도 상당한 수준에 이르러 계속적인 후퇴는 위기를 가속화시킬 것이라 생각했을 수 있다. 거기에 더욱 중요한 것은 노동자대투쟁의 과정에서 등장한 '노동해방'의 구호가 민주 · 진보 · 변혁 세력의 토대를 구축할 수 있을 거라고 보면서 이를 방치하는 것은 장기적으로 지배 구조의 재생산에 치명적일 거라 인식했을 것이다.

반면 노동자, 민주화운동 세력의 편에서 본다면, 지배 세력의 공세가 이토록 빨리 그리고 전면적으로 개시되는 것은, 일차적으로 노동자를 제외한 여타 민주 세력들(민주화추진협의회)이 6 · 29 이후 거의 석 달 동안 투쟁을 접고 있었던 것에도 그 원인이 있다. 정치적 대응전선 구축을 방기했다는 뜻이다. 노동자대투쟁이 전국을 뒤덮은 상황에서 노동자를 탄압하는 저들의 공격에 맞서는 대립 전선은 공장 혹은 지역에 머물러 있을 뿐, 민중 진영의 통일된 대응은 보이지 않았다. 이는 군부독재가 타도되지 않았음에도 6·29라는 개량 조치 앞에서 투쟁의 목표를 상실하였거나 민선, 민간정부의 수립 수준에만 만족하는 한계를 드러냈던 것이다.

지금까지 살펴본 대투쟁의 한계는 당시 우리 노동운동의 전반적 수준의 반영이다. 또한 투쟁 방향, 주체 및 방식의 한계는 상호연관 되어 있는 것이다. 따라서 이러한 한계에도 불구하고 1987년 노동자대투쟁의 성과물이 지금 노동자계급 앞에 어떤 형태로 놓여져 있는가를 살펴보는 것이 우리들의 과제가 아닐까 생각한다.

노동자대투쟁 30년,
노동의 위기를 넘어서기 위한
우리의 과제

1987년 노동자대투쟁으로 한국 사회에 절차적 민주주의가 진전되고 노동운동이 활성화된 지 30년이 되었다. 1997년 11월 외환위기 이후 신자유주의라는 괴물이 노동자계급의 목줄을 겨냥한 지도 20년이 되었다.

    1987년 당시에는 '한국 사회가 민주화되고 노동운동이 활성화되면, 노동자 대중의 삶의 질이 개선되고, 노동 현장에 민주주의가 살아 숨쉴 것이다'라는 희망을 의심하는 사람이 거의 없었다. 실제로 지난 30년 동안 실질임금이 인상되고 노동시간이 단축되었다. 또 민주노총이 건설되고 산별노조가 만들어지는 등의 성과도 있었다. 그러나 최근 고용의 질과 소득분배 구조는 갈수록 악화되고, 노동자 대중의 삶은 피폐해지고 있다.

노동자대투쟁의 들불이 타오르던 30년 전, 중앙조직은 고사하고 산별도 지역조직도 단위노조도 없는 상태에서도 일구어냈던 감동적인 연대투쟁은 어디로 사라졌는가. 20%를 넘었던 조직률이 왜 반토막 났는가. 구속된 동지를 투쟁으로 구출한다는 결기는 어디로 갔는가. 왜 비정규노동자가, 장기투쟁사업장 노동자들이 땅 위에서 함께 싸우지 못하고 고압선이 엉켜 있는 철탑, 광고탑, 굴뚝에 올라가야 하는가. 노동자 조직이 없고 민주노조가 없었을 때도 결행하지 않던 고공농성을, 목숨을 건 고립된 투쟁이 왜 다반사가 되었을까.

'노동자는 하나'라는 계급성은 물론 연대투쟁의 뜨거

움도 보이지 않는다. 고용형태(비정규)가 다르다는 이유로 같은 현장의 노동자가 하나의 조합원이 될 수 없는 오늘이 조직노동의 현주소다. 민주노조운동의 정신과 노선도 전략도 보이지 않는다. 나아가 노조 조직률은 1970년대 이래 가장 낮은 형편임에도 구체적인 조직화 전략도 찾아볼 수 없다. 민주노조운동의 위기다.

많은 노동자들은 1987년과 지금의 상황이 다르다고 할 것이다. 동의한다. 그러나 자본의 본질과 노동자계급의 삶의 처지가 달라지지는 않았다. 게다가 조직노동자와 미조직노동자는 물론, 정규노동자와 불안정노동자 간의 감정적 골이 깊게 패어 있는데 그 골을 어떻게 메울지 암담하기까지 하다. 투쟁성 또한 약화되었다.

무엇이 문제이며 무엇이 잘못되었는가? 지난 30년 동안 노동자들은 구속, 수배, 해고를 두려워하지 않으면서,

전 세계 노동운동이 부러워하는 자주성과 민주성, 전투성과 계급성을 그리고 '노동해방'으로 상징되는 '변혁지향성'을 가지고 열심히 싸워 왔는데, 왜 오늘날 우리의 노동운동은 '위기'라는 상황에 직면하게 되었는가? 그것은 자본의 획기적이고 야만적인 전략에 수세적 대응으로 일관해 온 '노동운동'의 책임이다. 실업노동자가 늘어나고 비정규직이 전체 노동자의 절반을 넘어서고, 노동현장에서 각종 차별이 이루어지고 있으며, 전체 노동자의 90%가 미조직 상태이다. 이러한 사실만 놓고 보더라도 노동운동은 비판으로부터 자유로울 수 없다.

우리는 어떻게 해야 하는가? 이 물음들에 대한 해답을 찾는 것이 우리에게 주어진 과제이다. '어려울 때일수록 원칙으로 돌아가라'는 말이 있다. 1987년 노동자대투쟁을 돌아보고 평가하는 이유는 그때의 정신을 복원하는 데 있다. 노동운동은 계급운동이다. 나아가 민주노조운동은 명목상의 노조가 아니라 조합원 대중 속에 살아있는 조직으로서의 노조를 건설해 왔고, 기업별 노조의 벽을 허물기 위해 끊임없는 연대투쟁을 전개해 왔다. 산별이 정착되었어도 연대투쟁이 어렵다면 산별은 껍데기일 뿐이다. 노동자 숨결이 느껴지는 노조가 되려면 원칙에 충실해야 한다. 자본의 통제 전략에 따라 발생한 미조직 노동자를 조직화하고, 중소·영세 사업장의 노동자와 불안정노동, 이주노동자 등을 차별 없이 대등한 관계로 발전시켜 내는 것이 민주노조운동의 일차적 과제다.

민주성의 의미는 단순한 선거 절차나 형식이 아니다. 현장이나 일터에서 조합원이 토론에 참여하고 의견을 모아가는 과정을 통해 조합원을 노동조합의 주인으로 세워내는 것이 민주주의다. 조합원이, 노동자 대중이 이해 못하는 투쟁 과제를 지침으로 내려 봐야 무슨 소용이 있겠는가. 조합원이 주인이 되어 대중적 결의를 뒷받침할 때 진정한 노동자 민주주의가 바로 서고 그 바탕 위에서만이 성과와 승리를 착실히 챙길 수 있다.

따라서 민주노조운동의 정신인 자주성과 민주성, 계급성과 투쟁성 그리고 노동해방성을 다시금 되살려 내는 것이 대투쟁의 정신을 계승하는 것이며, 이것이 '노동운동의 전략'인 동시에 위기를 극복하는 지름길이다. 숱한 과제들이 무겁게 다가올 수밖에 없는 어렵고도 힘든 시대적 상황이지만 원칙으로 되돌아가는 것이야말로 30년 전 여름, 세상을 뒤흔들었던 100일의 역사적 투쟁이 던지는 주문이고 요구이다. 민주노조운동은 여전히 노동자계급의 희망이다. 노동자 투쟁은 끝나지 않았다. 우리는 오늘도 싸우고 있다.

탁

．．．．

여기요.

하하~
내가 한 말은
아니지만,

그 안에서
열쇠를
찾게 되길
바래요.

……

그럼,
시간도
늦었으니
이만…

잠깐, 저...
누구시죠?

실은
아까부터
굉장히 낯이
익었는데...

분명히 또
만나게 될 거예요.

나는
당신들이 아는

당신들의
전체의
일부니까요.

조심해서
가세요.

술은 많이
마시지 말고.

참고문헌

- 87노동자대투쟁 20주년 기념사업회 추진위원회(2007), 『골리앗은 말한다』
- 강현아 홍성우(2003), 『광주지역 노동운동 전개과정』, 전남대학교출판부
- 김영수·정경원(2013), 『서울대병원노동조합 20년사 신새벽』, 한내
- 김정호(2015), 『통일-S&T중공업 노조운동 30년사』, 한내
- 김하경(1999), 『내사랑 마창노련』, 갈무리
- 노동부, 『87노사분규사례』
- 노동운동역사자료실(2002), 「노동자대투쟁 자료집 1-9」 (1차 자료 모음집)
- 민주노총 충북지역본부(2016), 『충북지역노동운동사 우리함께 어깨 걸고』
- 박성인, 「87노동자대투쟁」, 미출간 글
- 사북청년회의소(2006), 『탄광촌의 삶과 애환』, 선인
- 석탑(1988), 「사무·판매서비스·전문기술직 노동운동」, 『새벽 제2호』
- 이광일(2008), 『좌파는 어떻게 좌파가 됐나』, 메이데이
- 이시정(2007), 『안양지역 노동운동사』, 민주화운동기념사업회
- 인천기독교민중교육연구소(1987), 『87노동자대투쟁: 7,8월 인천지역 사례』, 풀빛
- 전노협백서발간위원회(2003), 『전노협백서』, 책동무 논장
- 전라북도 노동조합 협의회·호남사회연구회(1996), 『전북민주노조운동 10년』
- 전북민주화운동사편찬위원회(2012), 『전북민주화운동사』, 선인
- 정경원·전누리(2017), 『서울지하철노조 30년사』, 한내
- 충북민주화운동사 편찬위원회(2011), 『충북민주화운동사』, 민주화운동기념사업회
- 통계청(1995), 『통계로 본 한국의 발자취』
- 학술단체협의회, 『6월민주항쟁과 한국사회 10년』
- 한국기독교사회문제연구소, 『대구·울산지역실태와 노동운동』
- 한국노총, 『87노동쟁의』
- 국민건강보험노동조합 홈페이지 노동조합 소개

노동자 인간선언

1987 노동자대투쟁

초판 1쇄 발행 2017년 7월 17일
초판 3쇄 발행 2017년 10월 1일

기획 _ 노동자역사한내
글쓴이 _ 양규헌
펴낸이 _ 양규헌
펴낸곳 _ 한내 http://hannae.org
　　　　 등록 _ 2009년 3월 23일(제318-2009-000042호)
　　　　 주소 _ 서울특별시 마포구 신촌로 14안길 17 2층
　　　　 전화 _ 02-2038-2101
　　　　 팩스 _ 02-2038-2107
그림 _ 도단이
사진 정리 _ 정경원
제작 · 관리 _ 이승원
교정 · 교열 _ 양돌규
표지 및 내지 디자인 _ 토가 김선태
인쇄 · 제본 _ 덕유프린팅

ⓒ 양규헌, 도단이 2017

＊ 이 도서의 국립중앙도서관 출판예정도서 목록(CIP)은 서지정보유통지원시스템
　 홈페이지(http://seoji.ni.go.kr)와 국가자료공동목록시스템(http://www.nl.go.kr/kolisnet)에서
　 이용하실 수 있습니다.(CIP제어번호 : CIP2017016294)

ISBN 979-11-85009-15-5　93330